黃桑 編繪

古人比你更會玩

脈說歷史

3

時報出版

編　　繪──黃桑
主　　編──王衣卉
責任企劃──王綾翊
書籍裝幀──evian

總 編 輯──梁芳春
董 事 長──趙政岷
出 版 者──時報文化出版企業股份有限公司
　　　　　108019 臺北市和平西路 3 段 240 號
　　發 行 專 線──（02）2306-6842
　　讀者服務專線──0800-231-705・（02）2304-7103
　　讀者服務傳真──（02）2304-6858
　　郵　　　撥──19344724 時報文化出版公司
　　信　　　箱──10899 臺北華江橋郵局第 99 信箱
時 報 悅 讀 網──http://www.readingtimes.com.tw
電 子 郵 件 信 箱──yoho@readingtimes.com.tw

法律顧問─理律法律事務所 陳長文律師、李念祖律師
印　　刷─勁達印刷有限公司
初版一刷─2022 年 7 月 8 日
初版六刷─2023 年 11 月 10 日
定　　價─新臺幣 420 元

本作品中文繁體版通過成都天鳶文化傳播有限公司代理，由廣州漫友文化科技發展有限公司授與時報文化
出版企業股份有限公司獨家發行，非經書面同意，不得以任何形式，任意重制轉載。

古人比你更會玩3/黃桑編繪. -- 初版. -- 臺北市：
時報文化出版企業股份有限公司, 2022.07-
304冊 ;17×23公分
ISBN 978-626-335-672-6(第3冊：平裝)

1.CST: 社會生活 2.CST: 生活史 3.CST: 中國

630　　　　　　　　　　　111009944

ISBN 978-626-335-672-6
Printed in Taiwan

宮廷檔案 絕密

小太監

善良可愛
敏感細膩

照顧黃桑的
飲食起居

是宮裡深得人
心的小暖男

然鵝

一隻永遠都吃不飽的鵝
一直被黃桑欺負
卻幻想著有一天稱霸皇宮
女朋友是嫦鵝

一隻特殊的柴犬
看家護衛皇宮必備

蛋是

雞年沒趕得及上線的表情包
大概這輩子都沒有機會紅了
這本書裡可能沒有牠的身影

大利

宮廷檔案

絕密

鵝是利

然鵝、蛋是和
大利的組合

宮廷寵物

古人崇拜誰？

北歐雷神索爾都成了超級巨星，中國的雷神呢？

137

除夕——「請問你有買福袋嗎？」福字背後還有這樣的故事！

119

中秋——你一定要知道的月餅與它的代言人的故事！

093

七夕——牛郎織女，擺明就是工具人！

077

目錄

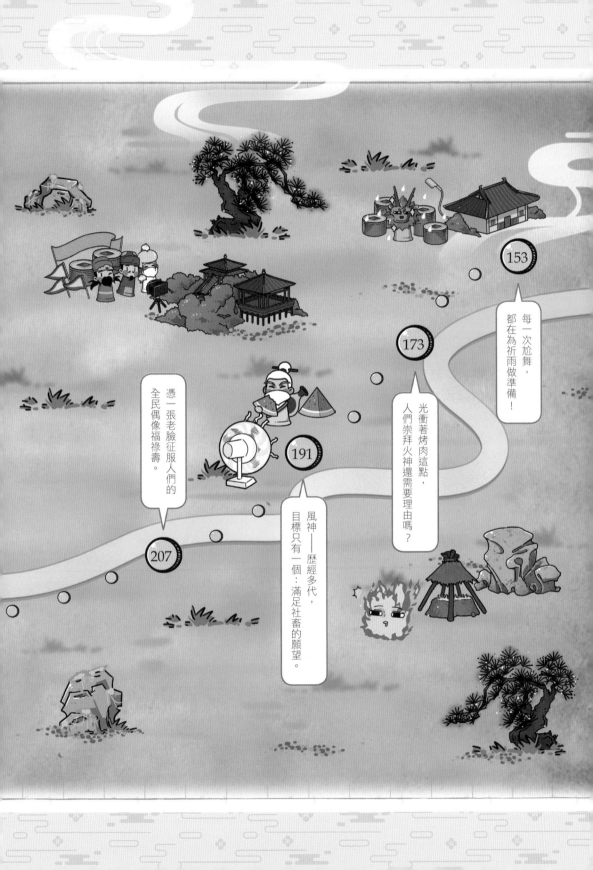

盲猜隨堂考

① 清朝皇帝一般春節放多少天假？

- Ⓐ 3 天
- Ⓑ 5 天
- Ⓒ 7 天
- Ⓓ 1 個月

② 清朝皇帝過年喜歡穿什麼顏色的衣服？

- Ⓐ 紅色
- Ⓑ 紫色
- Ⓒ 黃色
- Ⓓ 藍色

③ 清朝皇帝賞賜給眾人的辭歲荷包裡面一般有什麼？
（多選）

- Ⓐ 銀錁子
- Ⓑ 金錁子
- Ⓒ 親手寫的「福」
- Ⓓ 親手寫的「囍」
- Ⓔ 貼春花

都不會……

答案見本單元「小知識」

古人怎麼過節？

春節──
有人只想過西洋新年，
卻不知道中國古人過年有多麼好玩！

接近過年時，
大家就會開始盤點買新衣服了沒？
是不是又被長輩叫去貼春聯了？
準備好接受親戚的「問候」了嗎？

其實古代的皇帝跟普通人一樣，
過年也要穿新衣服、貼春聯、發紅包……

今天朕就比較一下，
看看清朝宮廷的過年，
跟現代人家裡的過年，
有什麼異同。

春節放假

宮廷爭鬥大家看得多了，
宮廷過年可就不知道了吧。

現代人

一般年假放 7 天，
多則也有 10 天。

當然學生們還有 1 個月的寒假。
（吃朕一拳）

假期不夠多啊！

批閱處

清宮

清朝人上班一般來說沒有週末，
平時放假也少，
所以過年會有將近 1 個月的假期。
一般放假時會把辦公的印章收起來，
簡稱「封印」。

但是，
國家大事來了，
皇上可以不處理嗎？

顯然不行！

所以皇帝一般在 26 日封璽，
初一那天就要開始重新辦公，
放好放滿也才 5 天。

貼春聯

過年當然要在門口貼春聯，
相信不少人又回想起，
撕掉上一年春聯時，被紙張低劣品質所**支配**的煩悶感了吧。

清宮

在貼春聯這方面，
清朝領先現代不止一點點。
宮內採用掛春聯的方式，
容易拆卸、方便保存，
過完年取下來，乾淨無殘留。

同時，妃子和宮女們
也會紛紛用彩紙剪出各種形狀，
貼在窗上，
叫**貼窗花**。

窗花將吉祥的事物和美好的願望表現得淋漓盡致，
將節日妝點得喜氣洋洋。

紅包

收紅包，
是最能表現過年氣氛的活動，
也可能是支撐現代人過年的
重要因素之一。

但是有人可以收紅包，
就意味著有人要發紅包……
這是一個悲傷的故事。

在某些地區，不結婚是可以一直收紅包的。

那我豈不是有機會當上百萬富翁？

也不見得，畢竟一個紅包就只有幾百塊錢。

……

清宮

皇帝要發很多紅包。
每年除夕晚上，
皇帝要賞給軍機大臣、皇子皇孫、後宮嬪妃，
乃至總管太監、侍衛首領等人，
精繡辭歲荷包一個，
包內一般放一個 5 錢的銀錁子。

有時還會加上自己親手寫的「福」字，
外加賞賜銀子。

批閱處

叫哥哥，不叫不給紅包。

我的紅包能拿一輩子呢。

新衣服

大家都會提前 1 個月
買好新衣服、新鞋子,
到過年的時候穿出來爭奇鬥豔。

穿上新鞋意味著可以除去霉運,
在新的一年裡步步高昇,前途美好!

010

清宮

至於皇帝過年要穿的衣服，
那就厲害了——

「明黃色緞繡龍袍」。

全身有九條龍和十二章紋樣，
都是用金線、彩線繡成，
整件衣服色彩斑斕、喜慶吉祥，
表示國家萬世昇平，
皇家子孫萬代、江山永固。

穿上了皇帝的新衣。

皇帝新衣

年夜飯

現代人

大家會和親戚朋友一起吃頓豐盛的團圓飯，
一般會有雞和魚，
意味著「吉祥」和「年年有餘」，
「雞」與「吉」諧音，「魚」與「餘」諧音，
這是民間流傳下來的習俗。

你都吃完了，是要怎麼年年有餘？

清宮

皇帝平常都是一個人吃飯，
除夕的時候就不一樣了，
會和後宮妃嬪、皇親國戚一起吃團圓飯。
大家嚴格按順序坐好，
先上冷膳，再上熱膳，最後是酒宴。

宮裡的飯菜一般也沒有特殊涵義，
因為整個流程差不多會上 40 道菜，
絕對吃不完！
但是吃不完也沒關係，
一般會賞賜給大臣，
不會浪費。

看跨年晚會

吃完年夜飯，
當然就要開始看跨年晚會了。
雖然大家每年都揚言：
「今年絕對不看跨年晚會」。
但最後總是一切照舊。

畢竟不看跨年晚會……
第二天大家聊什麼都聽不懂啊！

清宮

宮內也有「跨年晚會」看，
在漫長的宴席之間，
會有承應宴戲助興演出。
值得一提的是，
有些皇帝不僅喜歡看承應宴戲，
還會自己上去演。

愛卿們猜猜我在演什麼角色？

所以，清朝皇帝不僅能看「跨年晚會」，
興致一來還能上去演「跨年晚會」！

這次跨年晚會不行，讓朕來！

批閱處

吃零食

看跨年晚會自然少不了零食助興，
糖果、水果、點心……
大家邊嗑瓜子邊八卦閒聊，
實在是過年必備。

清宮

宮內也有各種零食。
各宮要擺吉祥盤、宵夜果盒，
裡面是乾鮮果品和各種糕點、糖果擺出的吉祥圖案，
同時具備觀賞性與解饞性。

這時候，自然少不了清代宮廷中最受歡迎的點心之一——

餑餑。

沙琪瑪是滿族傳統的餑餑之一，
這種帶有蜂蜜的甜餑餑深受后妃們的喜愛。

批閱處

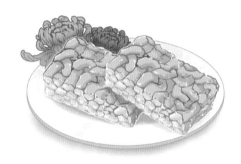

除了專業大廚做的點心，
宮裡的妃子和宮女還會相約齊聚一室一起做點心。

既然後宮一起做點心，
自然也免不了暗中較勁。
但是每年都是娘娘做的最有新意，
每次都從妃嬪中脫穎而出，
深得皇上的喜愛。

從上述各方面的比較，
能看出從古至今，
春節都是華人最開心的日子，
大家相聚、團圓，
用嶄新的面貌迎接新春到來，
期待更美好的一年。

小知識

清宮承應宴戲

　　清宮承應宴戲，表面看起來是演員的舞台，實際上卻是宮廷禮儀的一部分。宮裡節慶日的時候，演員就在宴會裡表演這種儀式性的短劇。他們給皇家獻瑞，為皇室歌功頌德。皇族們認為這樣就會給自己開運祈福，能讓臣民更加崇拜皇室。

紅包

　　過年收壓歲錢，可謂是朕跟愛卿們最期待的部分了。在春節期間由長輩在年三十晚上零點後發給晚輩的紅包稱作「壓歲錢」。

　　在漢代，壓歲錢叫厭勝錢，又叫大壓勝錢。這些錢不是用來「買買買」的，而是讓人佩戴在身上，作為一種辟邪物（早期的錢幣不是紙幣，而是由銅等金屬製成）。這些錢幣正面鑄有各種吉祥語，如「千秋萬歲」、「天下太平」等，背面則鑄有龍鳳、龜蛇、星斗等圖案。

　　隨著朝代的變遷，民間漸漸就形成了給小孩壓歲錢的習俗。到了明清時期，壓歲錢大多數是用紅繩串著賜給孩子。日後，壓歲錢甚至曾演變為用紅紙包著一百文銅錢，意味為「長命百歲」。這張紅紙最後演變成我們現在熟悉的紅包。所以，各位愛卿穿越需謹慎，說不定你們的壓歲錢就花不了。

　　不過，就算是現在，爸媽也會收了你們的壓歲錢，並說未來再還給你們……

批閱處

隨堂考參考答案 ① B ② C ③ AC

盲猜隨堂考

① 在中華古代習俗中，女生節一般指哪天？

    Ⓐ 3月8日

    Ⓑ 7月7日

    Ⓒ 6月18日

    Ⓓ 11月11日

② 是哪位皇帝把元宵節和花燈沾上邊的？

    Ⓐ 秦始皇

    Ⓑ 隋煬帝

    Ⓒ 唐玄宗

    Ⓓ 宋太祖

③ 浮圓子由誰發明？

    Ⓐ 李世民

    Ⓑ 朱元璋

    Ⓒ 康熙

    Ⓓ 以上都不是

都不會……

答案見本單元「小知識」

元宵——
最想穿越回古代放長假！

就憑一對遠距戀愛的牛郎織女，
讓很多愛卿以為七夕是情人節。

錯！七夕是女生節。

七夕又叫乞巧節，
那天女生們會聚在一起做手工，說悄悄話，
所以又叫女生節。

親愛的，七夕我們去哪裡過節？

哈哈哈

哈哈哈

嗚嗚嗚嗚嗚！

那麼中國情人節會是哪一天呢？

是元宵節。

沒想到吧？

元宵節的習俗是吃湯圓看花燈，
跟情人節有什麼關係嗎？

嚼嚼嚼

當然有，只不過無論現代還是古代，
情人節和單身人士都沒有關係。

想談戀愛第一步——
你晚上得能走出門。
唐朝以前，
為了防盜、防火和秩序，實施宵禁制度。

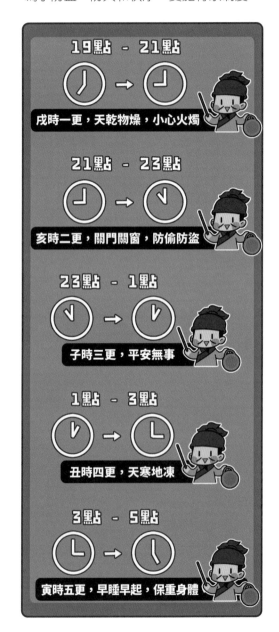

19點 - 21點

戌時一更，天乾物燥，小心火燭

21點 - 23點

亥時二更，關門關窗，防偷防盜

23點 - 1點

子時三更，平安無事

1點 - 3點

丑時四更，天寒地凍

3點 - 5點

寅時五更，早睡早起，保重身體

晚上 7 點後，你只能宅在家，
除非你生孩子、生病、辦喪禮，
否則出門就得打屁股（80 大板）。
元宵節的誕生就跟這個「宵禁」有關。

正月十五，第一個月圓之夜，
一元復始，大地回春。
漢武帝祭祀宇宙大神——太一神，點燈祈求風調雨順。
為了與民同祭，他在正月十五前後解宵禁 3 天，
平民夜晚可點燈，還能出門祭祀，祈求平安暴富。

> 漢家常以正月上辛祠太一甘泉，以昏時夜祠，到明而終。
> ——《史記・樂書》

批閱處

元宵節甜甜的戀愛呢？怎麼
是祭祀？湯圓和花燈呢？

別急，我這不是來了嗎？

阿煬，你好好地建隋朝大
運河，跑來湊什麼熱鬧。

本來，正月十五只是一個夜祭的日子，
直到**隋煬帝**時期，
元宵節才跟花燈沾上邊。

正月十五日，萬國來朝，
隋煬帝為了招呼客人，顯示國力，全城亮起花燈，
安排盛大百戲表演，連開 15 天。
18000 人演奏，從黃昏唱到清晨。
從此，每年正月十五都是一場盛大的變裝舞會。

你看這樣的元宵、這樣盛大
的表演，是朕開創的。

每歲正月，萬國來朝，留至十五日，
於端門外、建國門內，綿亙八里，列為戲
場……從昏達旦……光燭天地，百戲之盛，
振古無比……

——《隋書》

派對鼻祖開創了元宵節花燈輝煌、HIGH 一整個晚上的先河，
唐玄宗接下了這個文化傳承。
元宵節放 3 天假，與民同樂。
於是，民間舉行了第一場元宵節假面派對，
平日養在深閨無人知的女孩們終於能在半夜出門，盛裝出街。

男孩女孩穿著奇裝異服，
戴著各種面具在夜市盡情玩耍。

既然唐玄宗放 3 天假，
宋太祖趙匡胤不能輸，放 5 天假。
南宋理宗趙貴誠雖窮，但不能輸，放 6 天假。
他們都牢牢記住了孔子和弟子子貢的經典對話。

子貢觀於蠟。
孔子曰：「賜也樂乎？」
對曰：「一國之人皆若狂，賜未知其樂也。」
子曰：「百日之蠟，一日之澤，非爾所知也。張
而不弛，文武弗能也；弛而不張，文武弗為也。一張
一弛，文武之道也。」

——《禮記・雜記》

春節，全國人民瘋狂地參加迎春的蠟（ㄓㄚˋ，通臘）祭* 活動。

＊出自《禮記》。可追溯到周代的傳統祭祀文化，年終合祭百神。

批閱處

真沒意思，浪費錢，不知道他們在開心什麼？

孔子 子貢

他們越瘋狂，我越開心。往小了說，這代表常年積壓在他們日常生活中的抑鬱能暫時紓解。往大了說，舉國過節越瘋狂，代表社會秩序獲得了越好的調節。

對於皇帝來說，假期越多，節日越隆重，人民越開心，代表國家越繁榮，皇帝越有面子。

唐玄宗 趙匡胤 趙貴誠

元宵假期一放到底，我不能輸。

宋朝漫長的假期，是過好情人節的必備條件，
假期越長，元宵越鬧，鬧出了元宵五大寶。

花燈節

元宵節是一年一度爭奇鬥豔的花燈節，
一過完冬至，大街小巷就開始搭建山棚掛花燈。
（山棚：用竹木搭建的棚樓，用來放花燈、彩旗、鮮花、布畫）
最土豪的參賽者，當然是皇帝，
琉璃燈山高五丈，全自動，一入夜，燈亮音樂起，煙火璀璨。
最有創意的參賽者，則是老百姓，
走馬燈、珠子燈、羊皮燈、無骨燈、羅帛燈，燈燈入眼。

元宵一入夜，黑夜如白晝，
連沙場猛男**辛棄疾**見了都秒變文藝青年，脫口出經典：

東風夜放花千樹。更吹落，星如雨。

這題朕會接！陪你去看流星雨，落在這地球上。

嘖嘖嘖，濃濃的「單身」氣息，你看看人家辛大哥。

眾裡尋他千百度，驀然回首，那人卻在，燈火闌珊處。

東風夜放花千樹，更吹落、星如雨。
寶馬雕車香滿路，鳳簫聲動，玉壺光轉，一夜魚龍舞。
蛾兒雪柳黃金縷，笑語盈盈暗香去。
眾裡尋他千百度，驀然回首，那人卻在，燈火闌珊處。

——《青玉案·元夕》辛棄疾

首飾節

燈火太亮，闌珊處的你必須戴更閃閃亮亮的首飾，才能被看見。
元宵節，又是一年一度的首飾節，
白衣少女們，別有千金笑，來映九枝前，
都戴珠翠、鬧蛾、玉梅、雪柳、菩提葉、燈球、銷金合、蟬貂袖、項帕……
盛裝出街，做這條街上最閃亮的辣妹，脫最快的單。
白衣少男們，
趁著月上柳梢頭，手持宋朝戀愛寶典《調光經》，人約黃昏後。

> 深坊小巷，繡額珠簾，巧制新妝，競誇華麗，
> 春情蕩颺，酒興融怡，雅會幽歡……寶騎駸駸，
> 香輪轆轆，五陵年少，滿路行歌，萬戶千門，
> 笙簧未徹……
>
> ——《東京夢華錄》

而比起脫單更想脫貧的人，也不吃虧，
等街上人潮散去後，點一根蠟燭，
去撿掉在地上的首飾，一撿就是一大袋。

> 至夜闌則有持小燈照路拾遺者，謂之
> 掃街。遺鈿墮珥，往往得之。亦東都（汴
> 京）遺風也。
>
> ——《武林舊事》

嘉年華

滿城燈火下，唱歌跳舞最能打開單身男女的話匣子，
元宵節，也是一年一度歌舞雜技大比拚。
山棚上，歌女翩翩起舞，
酒樓裡，歌舞團勁歌熱舞，
大街上，雜技、魔術、說唱、雜劇、蹴鞠、猴戲、猜燈謎，
人人都想成為人氣排行榜上的明星。

《東京夢華錄》最受歡迎
節目名單TOP12

吞鐵劍的張九哥
演傀儡戲的李外寧
表演魔術的小健兒
演雜劇的榾柮兒
彈稽琴的溫大頭、小曹
吹簫管的薰千
作劇術的王十二
表演雜扮的鄒遇、田地廣
築球的蘇十、孟宣
說書的尹常賣
弄蟲蟻的劉百禽
表演鼓笛的楊文秀

每條大街小巷，每個人的嘴裡，
見面第一句話，都是：這個好看，
那個好看，好好看。

批閱處

對對聯

有人在街上看表演相親，有人對對聯相親，
例如：20 歲的「應考生」王安石。
相傳，赴京趕考的他，元宵夜孤家寡人在街上賞燈閒逛，
看見大戶人家門口懸掛著走馬燈，燈下懸著一個上聯：
走馬燈，燈走馬，燈熄馬停步。
答對下聯就可做女婿。
可惜，學富五車的王安石也答不出。

巧的是，科舉考試的春聯題上聯正好是：
飛虎旗，旗飛虎，旗卷虎藏身。
王安石立馬想起了相親題，寫下了下聯，錄取為進士。
他回到那戶人家，用科考的出聯回對，又成了乘龍快婿。

吃！吃！吃！

過節的核心，當然少不了吃吃吃。
宋朝老百姓特意為元宵發明了浮圓子，
也就是北方人的元宵。
當然，南方人吃的是湯圓。
元宵、湯圓還真不是同一種東西。

眼看著宋朝的元宵節玩得這麼熱鬧，
作為元宵節頭號粉絲，
明朝朱棣直接下令元宵放 10 天假！
正月十一到正月二十都是元宵節，
夜市三更才關，五更又開，有的是玩耍時間。

沒想到吧，最後還是我贏了。

嘿，朋友，Don't make it bad（別沮喪）！

現代元宵節只剩下一碗湯圓和一群「單身人士」了，
畢竟——

沒有假期。

我愛工作，工作使我單身，工作使我快樂。

參考資料：

1. 《唐代上元節俗的歷史考察》李曼
2. 《狂歡的元宵——宋代元宵節的文化研究》彭恒禮
3. 《中國夜未眠——明清時期的元宵、夜禁與狂歡》陳熙遠

王安石

　　王安石，北宋時期的文壇強人，他不但是文學家，還是政治家、思想家、改革家。

　　他的散文非常厲害，厲害到入選了「唐宋八大家」，還成為臨川這個地區的文壇大佬，留下了《臨川集》等優秀作品。他在作品裡經常批判時人，抨擊時弊、反映社會狀況，具有較濃厚的政治色彩。

　　作為一個政治家，王安石也不怕被人批判，他在宋神宗期間直接迎戰整個「舊黨」，發動了「王安石變法」。他希望能夠藉此改變北宋建國以來積貧積弱的局面，讓國家重新恢復生機。只可惜，種種因素導致了這場變法最終失敗。這場變法是中國古代史上繼商鞅變法之後又一次規模巨大的社會變革運動，能有如此大的魄力，王安石也是夠「強硬」的。

十二時辰

　　我們一天有 24 小時，而古代人則用「十二時辰」來劃分一天的時間。他們把一晝夜平分為十二段，每段叫作一個時辰，一個時辰大概是現在的兩小時。十二個時辰分別以地支為名稱，從半夜算起，半夜 11 點到 1 點是子時，中午 11 點到 1 點是午時。

子時	丑時	寅時	卯時	辰時	巳時
（ㄗˇ）	（ㄔㄡˇ）	（一ㄣˊ）	（ㄇㄠˇ）	（ㄔㄣˊ）	（ㄙˋ）
23:00-01:00	01:00-03:00	03:00-05:00	05:00-07:00	07:00-09:00	09:00-11:00
午時	未時	申時	酉時	戌時	亥時
（ㄨˇ）	（ㄨㄟˋ）	（ㄕㄣ）	（一ㄡˇ）	（ㄒㄩ）	（ㄏㄞˋ）
11:00-13:00	13:00-15:00	15:00-17:00	17:00-19:00	19:00-21:00	21:00-23:00

隨堂考參考答案 ①B ②B ③D

盲猜隨堂考

① 著名詩句「清明時節雨紛紛，路上行人欲斷魂。」
的作者是？

　Ⓐ 李白

　Ⓑ 杜牧

　Ⓒ 杜甫

　Ⓓ 李商隱

② 以下哪一段詩詞和清明有關？

　Ⓐ 「著處繁華矜是日，長沙千人萬人出。」

　Ⓑ 「鶴髮垂肩尺許長，離家三十五端陽。」

　Ⓒ 「暮雲收盡溢清寒，銀漢無聲轉玉盤。」

　Ⓓ 「東風夜放花千樹。更吹落，星如雨。」

③ 以下哪一個是二十四節氣中的節令？（可多選）

　Ⓐ 寒食

　Ⓑ 清明

　Ⓒ 上巳

　Ⓓ 春分

棄權

呃……

再想想

答案見本單元「小知識」

清明——
古人清明不去掃墓？那他們都在做什麼？

「清明時節雨紛紛，路上行人欲斷魂。
借問酒家何處有，牧童遙指杏花村。」

說到清明節，各位愛卿可能想到的
就是唐代詩人杜牧寫的這首詩。

沒有，我想的是清明
放 3 天假。

喔，沒事，朕換個說法。

就像各位愛卿想到的是放 3 天假，
唐朝人在清明節是一邊放假，
一邊蹴鞠、拔河、鞦韆、踏青……
怎麼歡樂，怎麼做。

不要只顧著吃，難得放假，
一起蹴鞠！

什麼，古人清明節難道不是掃墓，
很嚴肅，很哀傷的嗎？

任何習俗都有一個演變的過程，那麼
古代人究竟是怎樣過清明的呢？

這要從三個節日說起——

原本，這三個節日是各玩各的。

【清明節】

清明原本是二十四節氣之一，
西漢《淮南子》如是說：
春分則雷行音比蕤賓，加十五日指乙，則清明風至。
意思是，在春分後，清明就到了。

人們在這個節令大力發揚中華民族優良傳統——耕作。
畢竟，這個季節陽光明媚，萬物復甦，
再宅在家裡就對不起這麼好的天氣了。

既然這個節氣對生產、生活那麼重要，
那當然是要——

於是，從唐朝開始，
古人把清明節當成一個節日看待。

李正封《洛陽清明日雨霽》中說道：
「遊人戀芳草，半犯嚴城鼓。」

《開元天寶遺事》中記載：
「長安士女遊春野步，遇名花則設席藉草，
以紅裙遞相插掛，以為宴幄……」

杜甫《清明》中寫道：
「著處繁花務是日，長沙千人萬人出。
渡頭翠柳豔明眉，爭道朱蹄驕齧膝。」

再加上唐朝清明節也是新進士舉行宴集的節日，
人們在這一天玩遊戲，
舉辦宴會……
說有多興奮，就有多興奮！

到了宋代，
人們甚至在清明節這一天舉辦「成人禮」。
《夢粱錄》中就記載：
「凡官民不論小大家，子女未冠笄（ㄐㄧ）者，
以此日（即清明節）上頭。」

接下來，
我們接著聊
清明節的「好兄弟」——

【寒食節】

一般在清明前一兩天，
還有個節日叫寒食節。
傳說，春秋時期晉國的老大——**晉文公**，
想請才子**介子推**下山輔佐他。
但介子推不肯，
晉文公為了逼他出山相見，
只能放火燒山，結果……

介子推

晉文公

怎麼聞到肉燒焦的味道？啊，
不好意思，燒過頭了。

於是，為了紀念介子推，
人們設立了寒食節。
在這個節日裡禁止使用煙火，
只能吃些冷食。

還有一種說法，因為寒食節跟古代的改火制度有關——季節不同，鑽木取火所用的木材也不同，每次換季（清明）就要取用新火，在這之前，人們禁止生火。

但也因為不能用火，吃冷食，
人們容易生病，
直到唐朝才改變這個作法。

而在唐代，寒食節還加入了一個重要的活動——
掃墓。

沒錯，我這個節日才是用來掃墓的。

白居易在《寒食野望吟》中就寫道：

「烏啼鵲噪昏喬木，清明寒食誰家哭。
風吹曠野紙錢飛，古墓壘壘春草綠。」

為了回家掃墓，
唐朝的官員會耽誤工作，
朝廷不得不延長寒食節假期。
日本僧人圓仁曾在唐朝取經，
他在《入唐求法巡禮行記》中記載：

「寒食，從前已來，准式賜七日暇。」

也就是說寒食節和清明一起，放假7天。

【上巳（ㄙ丶）節】

春秋末期，在農曆的3月上旬，
還有一個節日就是上巳節。
魏晉之後，這個日期改為3月3日，

人們在這個節日主要進行兩項活動，
一是舉行祭祀，到水裡洗香香，即「祓禊（ㄈㄨˊ ㄒㄧˋ）」，
二是招魂，在野外或水邊召喚亡魂。

本來好好的一個乞求平安的節日，
誰知道你們就用來曬恩愛了……

《詩經‧鄭風‧溱洧（ㄓㄣ ㄨㄟˇ）》中就記載了
人們在這一天打擊單身人士的故事：
「溱與洧，方渙渙兮，士與女，方秉蕑（ㄐㄧㄢ）兮……
維士與女，伊其相謔，贈之以芍藥。」

魏晉之後，
水中沐浴、招魂之類的活動就漸漸消失了，
取而代之的就是臨水酒會。

放假當然是要盡情吃吃喝喝啊，各位愛卿所熟悉的「曲水流觴」就是這樣來的。

到了唐朝，人們也經常在上巳節這一天出外遊玩。
說到這裡，各位愛卿可能發現，
這三個節日的變換都發生在一個很重要的朝代——
唐朝。

正因為唐朝國力強盛，人民生活富裕，我們才有底氣搞這麼多節日過，放那麼多天假。

不過，也正是因為三個節日如此靠近，
漸漸地，它們開始互相融合。

批閱處

記住，一定要在這些日子裡好好相聚遊玩，這樣我們才能傳承過去，走向未來……

清明
巳上

逐漸消失

我還有一句重要的話想對你說……

為什麼連你也要這樣，重要的話先說啊！

完全消失

到了南宋時期，
三個節日基本上已經融合在一起。

批閱處

這當然也跟南宋的國力有關。

這種融合持續到現在，
清明節的涵義變得越來越豐富

動畫《可可夜總會》中有這樣一句台詞：
「真正的死亡是世界上再沒有一個人記得你。」
華人在清明這一天，寄託哀思，踏青遊玩，
用這種方式超越死亡。

紀念過去，活在當下，這也
是華人生活的哲學！

最後，在這小雨紛紛、霧氣朦朧的日子裡，

有六條清明節應該注意的細節，
若不小心犯上，很有可能會……

① 不要在先人墓前拍照。

可能會被前置鏡頭的自己醜到。

② 清明節晚上 12 點後不要獨自出門。

這個時間出門一轉角，就會遇見燒烤、
滷味、炸雞、炸薯條……根本忍不住。

③ 清明節早上要看看自己的額頭。

自己的髮際線自己心裡要有數。

批閱處

④ 掃墓時不得嬉笑怒罵。

旁邊的人會覺得你沒禮貌。

⑤ 掃墓前不能吃太多。

夏天快到了，求求你住嘴吧。

⑥ 清明節當天出門不要披頭散髮。

會被風吹得像 3 天沒洗頭一樣。

小知識

杜牧

　　晚唐詩歌圈裡有顆很閃耀的明星，那就是杜牧。詩歌裡，律詩由於對韻律的要求特別嚴格，大部分詩人 hold 不住它。然而，杜牧卻能在七律的詩歌圈打出自己的名聲，可見他寫詩多麼有水準，所以，人們才會把他跟李商隱並稱為「小李杜」。

　　杜牧寫詩那麼有水準，各位愛卿當然也逃不過要背誦他詩歌的命運：除了前文中提到的《清明》，大家所熟悉的杜牧詩歌，還有《山形》（遠上寒山石徑斜），《赤壁》（折戟沉沙鐵未銷）等。

批閱處

蹴鞠

　　蹴鞠（ㄘㄨˋ ㄐㄩˊ），又名「踢鞠」「蹴球」「築球」等，類似於現在的足球。「蹴」有用腳蹴、蹋、踢的涵義，「鞠」最早是外包皮革、內塞米糠的球。

　　蹴鞠傳說是黃帝發明的，黃帝殺死蚩尤以後，「充其胃以鞠，使人執之，多中者賞。」據史料記載，早在戰國時期民間就流行娛樂性的蹴鞠遊戲，而從漢代開始又成為兵家練兵之法，宋代出現了蹴鞠組織與蹴鞠藝人，清代開始流行冰上蹴鞠。

　　蹴鞠作為華人世界流傳久遠的一項體育運動，也是華人中第一批國家級非物質文化遺產。蹴鞠源遠流長，朕也希望，我們在傳承這項傳統運動的同時，運動員能夠踢出世界級水準。

參考資料：

1.《杜牧＜清明＞詩與掃墓風俗無關》張慶捷

2.《清明作為獨立節日在唐代的興起》張勃

3.《清明節的源流、內涵及其在現代社會的變遷與功能》黃濤

4.《上巳、寒食、清明節日民俗與文學研究》張醜平

隨堂考參考答案 ① B ② A ③ BD

盲猜隨堂考

1 傳統端午節要躲五毒，以下哪項是「五毒」之一？
- Ⓐ 蚊子
- Ⓑ 蜘蛛
- Ⓒ 蟑螂
- Ⓓ 壁虎

2 端午節又稱什麼節？
- Ⓐ 父親節
- Ⓑ 母親節
- Ⓒ 男兒節
- Ⓓ 女兒節

3 中國唯一的女皇帝是誰？
- Ⓐ 武則天
- Ⓑ 蕭太后
- Ⓒ 呂后
- Ⓓ 慈禧

答案見本單元「小知識」

端午——
五月五的四大冷知識，第三個最讓人意想不到！

説起端午，
各位愛卿會想到什麼呢？

屈原　賽龍舟　掛艾草和菖蒲
配香囊
雄黃酒　五色絲線

這題我會答，我會答！放3天假！

在這個放假快樂的日子裡，朕又怎麼會提醒各位愛卿，端午接近大考，期末考試也快來了呢？

還有一年一度
讓人大戰 3000 回合的——

南北鹹甜粽之爭。

甜味才是正宗，甜粽天下第一。

怎麼會有人吃甜粽，鹹粽是天，不服來戰！

然而在華人歷史文化中，
端午可不僅只有這些涵義！
究竟端午背後還有什麼有趣的**冷知識**呢？

就從實際姓芈（ㄇㄧˇ）不姓屈的屈原說起吧。

端午節紀念屈原這個說法，
可能是大多數人所瞭解的。
不過「端午」這個說法最初是出現在
南朝《荊楚歲時記》、《續齊諧記》中，
這距離春秋戰國時期已經有 **7、800 年了**。

在東漢許慎的《說文解字》中有記載，早在屈原去世之前，吃粽子的習俗就已經存在400多年了。而屈原的《離騷》中有寫「駕飛龍兮北征」，賽龍舟也並非屈原死後才有的活動。

此外，
還有**伍子胥**、孝女**曹娥**等版本的傳說，
以及端午是**古百越族**舉行龍圖騰崇拜活動的日子等說法。

實際上，端午這個日子，
凝聚著古代人的生活智慧。
5 月嘛，

各位愛卿都懂的……

高溫＋多雨，時時刻刻讓你
享受三溫暖般的待遇。

暖溼天氣

朕要空調，
朕要冰飲料……

批閱處

此時，蛇、蜈蚣等「毒物」也漸漸活躍起來。
因此，5 月在古代被認為是「毒月」。
再加上，當時民間流傳：
「五月五出生的孩子養不大」的說法，
人們在「端午」這天要做的事情，其實是為了
「躲五」。

白蛇傳說
一開始的結局並不圓滿？

要說端午有什麼，
神話傳說中最讓人心動的那一定有——
白蛇傳。

官人，我好像又聽到有人提起我們。

是啊，娘子。

在電視劇裡，
端午白蛇喝雄黃酒現形的情節，
讓多少愛卿記住了雄黃酒驅蛇蟲的知識。

當然，該劇最讓人難忘的還是女主的顏值，
白素貞一出場就十分驚豔，
她跟許仙的故事更是感動了很多人。

蛋是

是不是從前的白蛇傳說，
都如電視劇中那樣羨煞旁人呢？

不要太天真，接下來要
說的才是重點。

在唐傳奇《白蛇記》中，
白蛇最後**吃了書生**。
告誡所有單身人士，
千萬不要被美色所迷惑。

真是可怕的吃貨。

批閱處

宋人詞話作品《西湖三塔記》中，
奚宣（即後來的許仙）救助在西湖幻化成迷路女子的白蛇，
結局也**沒有**那麼浪漫。

在明朝「八卦」專家馮夢龍的短篇小説《白娘子永鎮雷峰塔》中，
白蛇依舊是個**吃貨**的形象，
一心想吃掉許宣（即許仙）。

直到清初的《雷峰塔傳奇》中，
才有了兩人相愛的情節。
之前故事中收服白蛇的**法海**，
變成破壞別人婚姻的壞人，
許仙這個名字也才正式確定下來。

在這麼多版本的故事中，
小青也由一開始的
男性青魚精（遇到白蛇後變成女性），
變成青蛇的形象，
跟白素貞一起在人間做「好事」。

人們更傾向於給這個故事一個圓滿的結局，
給端午增添了一絲浪漫和團圓的意味。

法海

嗾！

發牢騷

身為丞相之子的我，卻在裡面被黑超慘！

賽龍舟竟然要偷偷玩？

作為端午最具特色的活動——

賽龍舟，

每年都吸引很多人圍觀。

不過，古代比賽的安全防護沒有我們現在方式那麼多，

因此，出現事故的概率也**比較高**。

元初，福州路在賽龍舟時出現了嚴重事故，

後來，江南地區也出現過淹死人的情況，

於是，元朝大佬們就下令端午節禁止「賽龍舟」。

但人們還是會偷偷玩。

到明朝，民間賽龍舟活動依舊是

表面被禁止的一項活動。

但隨著人們安全防護意識的提高，

漸漸地，官方也就承認了這項賽事。

清朝時，賽龍舟活動已經**很廣泛了。**

說起來，端午可謂是傳統節日中別稱最多的日子，

有 20 多個。

例如：龍舟節、重午節、端陽節等，

而裡面有個比較特殊的別稱——

「女兒節」。

**在日本，有希望女孩子健康成長的女兒節，
而在中國，女兒節又有什麼不同呢？**

關於端午是「女兒節」的來源，

主要有兩個說法。

一說是為了慶祝中國歷史上唯一的女皇帝——

武則天的生日。

傳說，有一年端午，

武則天懷孕的老媽曾在四川坐船，

沒想到遇到一條金龍，被嚇暈了過去，
之後就生下了武則天。

這就是古代帝王出生奇遇的標
準寫作範本。

實際上，武則天的具體出生日期、地點**未知**，
雖然她老爸**武士彠（ㄩㄝ）**
曾經在四川做官。

有沒有金龍，我不知道，但人的理想狀態
是跟熊貓一樣，靠可愛的外表征服世界。

小武則天

至今，四川有個地區仍有女兒節這個節日，
只不過**不在端午這天**。

二說這天是嫁女歸寧的日子，
是一個團聚的日子。

明沈榜《宛署雜記》曾記載：
「（端午）已出嫁之女亦各歸寧，
俗呼是日為女兒節。」

在古代，
女子不能隨便到外面**玩樂**。

隨著時代的發展，
人們在過節的時候，
是不是遺忘了某些東西呢？

媽媽，我有問題想問你。

問吧問吧，沒有什麼東西是你媽媽不知道的。

老師說，屈原不姓屈，那他姓什麼，為什麼端午節這天，大家要聚在一起賽龍舟、吃粽子、喝雄黃酒？

這……我真不知道。

端午確實放了 3 天假讓我們能夠好好玩耍，但背後的涵義和傳統我們可不能玩著玩著就忘了。

這些冷知識的背後，

是人們給端午

賦予的豐富涵義。

其實，端午並不是只有粽子這麼簡單。

尤其是其中的儀式，

你做的最好看。

看我給你做的香囊，比外面的好看吧？

吃了粽子乖乖聽話，可不能再調皮了。

更是人們感受生活、

艾莒草蒲

老哥，往右一些。

加油！

加油！

加油！

加油！

相聚懷念的重要環節。

所以，端午怎麼可以一個人
冷冷清清地過？

老婆，藥好了沒？

參考資料：
《端午考》聞一多

五毒

　　春夏季節，萬物很有活力，此時一些含毒的生物也十分活躍，例如：蜈蚣、毒蛇、蠍子、壁虎和蟾蜍。端午要驅五毒、躲五毒，其中的五毒就是指這些生物。

　　不過，對比其他四種毒物，壁虎這種人畜無害的生物為什麼會混在裡面？因為古人認為壁虎的尿有毒，要是不小心滴入眼睛，那麼眼睛就會瞎，要是滴入耳朵，耳朵就會聾了，要是人們的身體碰到，人的身體就會潰爛。人們要是吃了壁虎爬過的東西便會中毒死亡。但實際上，大部分壁虎都是無毒的，還會吃蚊子、蒼蠅、蟑螂等害蟲。各位愛卿看到避開就是，千萬別傷害牠們。

賽龍舟

　　說到端午，自然不能少了賽龍舟。據專家考證，它最早起源於江浙地區吳越部族的龍圖騰祭祀活動，已流傳兩千多年。

　　賽龍舟多是在喜慶節日舉行，是多人集體划槳競賽，它不僅是一項體育活動，更是集體精神、團結精神的一種表現。2011 年，賽龍舟經過中國批准列入第三批國家級非物質文化遺產名錄。

　　不僅華人喜歡賽龍舟，世界其他地區也在華人地區的影響下划起龍舟。據國際龍舟聯合會主席麥克介紹，目前全球已有 85 個國家和地區成為國際龍聯的成員，也已經舉辦了 13 次世界龍舟錦標賽，據不完全統計，全世界範圍內有 5000 多萬的龍舟愛好者。足見龍舟運動的影響力。

盲猜隨堂考

① 《世說新語》是哪個時期的作品？

　　Ⓐ 秦漢

　　Ⓑ 魏晉南北朝

　　Ⓒ 隋唐

　　Ⓓ 清朝

② 《長恨歌傳》描述的是哪個朝代的故事？

　　Ⓐ 隋朝

　　Ⓑ 唐朝

　　Ⓒ 宋朝

　　Ⓓ 明朝

③ 乞巧節，女孩會在小盒子裡養什麼動物？

　　Ⓐ 蜘蛛

　　Ⓑ 蠶

　　Ⓒ 蚱蜢

　　Ⓓ 壁虎

都不會……

答案見本單元「小知識」

七夕——
牛郎織女，擺明就是工具人！

現在一提起七夕——

我知道我知道，七夕是古代的情人節！

牛郎織女的故事廣為流傳，但在古代七夕並不是當情人節來過的。

原本牛郎織女的傳說是這樣的——

牛郎

牛郎心地善良，他細心照料家裡生病的老牛。

織女

老牛為了報答牛郎，指引他偷走下凡的織女的衣服，從而促成兩人的婚姻。

分　開

王母

王母娘娘知道這件事之後，棒打鴛鴦，帶走了織女。老牛死前告訴牛郎，他可以披著自己的皮上天與織女相會。牛郎照做，在兩人即將重逢時，王母娘娘用金簪劃出銀河分開了他們。

可是牛郎織女的愛情感動了玉帝，於是玉帝派喜鵲於每年的 7 月 7 日搭建鵲橋，讓兩人相會。

這個故事告訴我們——

人要善良！

無論對人、對動物都要心存善意。

雖說如此，不過這個故事這麼曲折，實際上跟古代人對織女牛郎的認知有很大的出入。

先秦時期，
古人們根據星象位置的變化來判斷季節的變換和農時。
織女星跟牛郎星的出現，
則表示此時季節進入了秋季，
他們根本不是情侶關係。

我的內心只有種田，愛情不能當飯吃！

維天有漢，監亦有光。跂（ㄑㄧˊ）彼織女，終日七襄（ㄒㄧㄤ）。
雖則七襄，不成報章。睆（ㄏㄨㄢˇ）彼牽牛，不以服箱。
——《詩經・小雅・大東》

這句話的意思就是：
織女跟牛郎看起來總是很忙，
但織女並沒有織出布，
牽牛也不能拉車，
沒幹什麼正經事。

**是不是像極了打電動，不做
作業，還說自己很忙的你？**

批閱處

不過，在睡虎地秦簡《日書》中記載了這樣一件事：
「戊（ㄨˋ）申、己酉（一ㄡˇ），牽牛以取（娶）織女，不果，三棄。」

也就是在戊申、己酉這兩天娶妻的話，
3年後丈夫就會休掉妻子。

**這是迷信的說法，不過似乎決定了
牛郎織女故事的結尾是個悲劇。**

古人開始腦補出各種曲折的故事。
東漢末的《古詩十九首·迢迢牽牛星》就顯示，
當時的人們已經給牛郎織女加入愛情元素，
同時還有銀河阻隔他們。

**聽說人們喜歡看逆襲的故事，
那我把牛郎的身世往慘裡講。**

漢

喂……

這時候，人們開始有了乞巧鬥巧的習俗——
用五色線穿過連續排列的七孔針，
看誰速度最快。

是時候拚手速了！

七夕這天陽光充足，
古人也會晾曬衣物和書，
這也演變成一個習俗。
漢崔寔（ㄕˊ）的《四民月令·七月》中
就記載了７月７日「曝經書及衣裳」的風俗。

魏晉南北朝時期，
因為戰亂多，人們不僅乞巧，
還乞求長壽，乞求生子……
曬衣服的習俗也繼續傳承了下來。
《世說新語》中就記載了：
「竹林七賢」之一的阮咸，
即使家裡再窮也要在七夕這天曬衣服。

再窮也要跟著曬衣的時尚走。

阮仲容、步兵居道南，諸阮居道北；北阮皆富，南阮
貧。七月七日，北阮盛曬衣，皆紗羅錦綺。仲容以竿
掛大布犢鼻褌於中庭。人或怪之，答曰：「不能免俗，
聊復爾耳。」

——《世說新語・任誕》

中華吃貨們當然也不會放過七夕，
在魏晉南北朝，
人們開始製作專門在七夕吃的食物。
晉周處《風土記》裡就記載，
北方人開始吃一種經過水煮的麵塊。

在魏晉南北朝，牛郎織女的故事開始進入文人的眼中，故事的版本也很多，而牛郎織女在這個時期歸入神仙譜系，成為重要的神仙。

level up

（升級）

唐宋時期，七夕越來越受到重視，
人們過節更加開心愉悅。
此時的習俗有以下幾項——

批閱處

身為一個看熱鬧群眾

在這天，人們要把庭院打掃乾淨，
妝點家裡，還要獻供瓜果。
唐代陳鴻《長恨歌傳》記載：
「是夜（即七夕節）張錦繡，陳飲食，樹瓜華，焚香於庭，號為乞巧。
宮掖間尤尚之。」

在這兩個朝代，人們還會在七夕這天吃餅，
《唐六典》中如是說，
「七月七日加斫（ㄓㄨㄛˊ）餅，並於常食之。」
南宋則吃千層餅和油酥餅。

好吃。

讓上天知道我的心

今天是七夕節，聽說今天許願很靈，

希望我今年可以找到女朋友。

另一方面，古人認為七月七還是魁星的生日，
魁星就是中國古代神話中主宰文章興衰的神，
讀書人當然要拜一拜。

在宋代，跟女孩子「乞巧」相比，
男孩子們祈求的是聰明。

人們在這天往往還要設宴賦詩，
把節日過得熱熱鬧鬧的。

元明清之後，七夕已經成為民間的重要節日，
牛郎織女的故事也有無數的版本。

七夕明明有愛情的涵義在裡面，
為什麼說七夕不是情人節呢？

因為七夕並不僅僅只有愛情故事啊。

看了上面的內容，
各位愛卿就知道在中國傳統文化裡面，
七夕的誕生是跟生產有關，
跟愛情是沾不上邊的。

後來，人們不僅僅在七夕這天祈求愛情，
還會求子求長壽求富貴求聰明，
更重要的是「乞巧」。
元朝更是把七夕節稱為「女兒節」。

跟西方單純為情人所設的情人節相比，
七夕的涵義更加豐富。

受西方情人節的影響
以及商業宣傳的帶動，
如今，七夕也漸漸被定義為「情人節」。

批閱處

但是七夕所蘊含的追求自強自立、勤勞奮鬥、團結美滿的精神不應該這樣被忽略！

現在我們已經從農業社會轉型成工業社會，
古代跟農業相配合的祭祀活動
已經不適合現代了。
如何傳承七夕其他內涵，
讓七夕變得更加好玩跟有趣，
就要靠各位愛卿了。

例如，先放個假。

說得好像放假了，你
就不用寫作業似的⋯⋯

參考資料：

1.《傳統七夕節演變歷程與現代轉型》邱綺
2.《元明清時期牛郎織女流變研究》鄧未
3.《七夕節為什麼還要乞巧？》侯仰軍
4.《敦煌文書中所見的乞巧節習俗》李並成
5.《「七夕」傳說的民俗學真相》倪方六

董仲舒

　　西漢前期，有個男人不得不提，那就是哲學家和儒學家董仲舒，他的學說深深地影響了中國 2000 多年。

　　春秋戰國時期，百家爭鳴，湧現了很多思想流派。然而，到了漢代，對統治者來說，這不方便管理。於是，漢武帝這個大老闆就下令尋求一套好的管理方法。這時候，董仲舒以儒家學說為核心，吸收其他思想流派的想法，提出了「天人感應」、「大一統」學說、「罷黜百家，獨尊儒術」的主張。在這之後，儒學成為華人社會的正統思想，至今還影響著我們。

竹林七賢

　　魏晉南北朝時期出現了一個備受矚目的組合：竹林七賢。竹林七賢由七位大佬組成：阮籍、嵇康、山濤、劉伶、阮咸、向秀、王戎。

　　這七位大佬各有特點，例如：阮籍愛翻白眼表示叛逆；嵇康是個音樂創作者，著有《廣陵散》；山濤是他們的老大哥……因為他們常常在竹林裡開派對，所以大家就把他們稱為「竹林七賢」了。

　　阮咸也同樣是個音樂發燒友，還發明了「阮咸」這種同名樂器。

隨堂考參考答案 ①B ②B ③A

盲猜隨堂考

① 相傳乾隆皇帝曾經南巡多少次？

    Ⓐ 4 次

    Ⓑ 5 次

    Ⓒ 6 次

    Ⓓ 7 次

② 《封神演義》的故事發生在中國哪個歷史時期？

    Ⓐ 商周

    Ⓑ 秦漢

    Ⓒ 三國

    Ⓓ 南北朝

③ 被譽為「絲綢之路的開拓者」的是誰？

    Ⓐ 張騫

    Ⓑ 聞仲

    Ⓒ 裴寂

    Ⓓ 劉伯溫

棄權

呃……

再想想

答案見本單元「小知識」

中秋——

你一定要知道的月餅與它的代言人的故事！

中秋節終於到了！
可以放假啦啦啦啦！

在這個「喜大普奔」的日子，
朕要告訴你，

月餅

不是為中秋節而發明的呢！

胡說！我是月餅代「鹽」人，
月餅就代表著團圓脫單。

今日朕連線嫦娥，
一起來聊聊，

中秋節為什麼要吃月餅？

中秋月餅代言人簡史

1

月餅＝聞太師餅？

軍糧出身並不影響美味

中秋節和月餅，
誰先出生？

是月餅！

這符合吃貨的一貫邏輯。

想正大光明吃月餅了，成立中秋節吧！

廣告小王子都知道，
要推廣節日，找個代言人更好。

第一個被看上的就是聞仲，
於是有了月餅的鼻祖——
太師餅。

太、太師？鼻祖
不是我嗎？

故事是這樣的——

▼

殷商時期，
聞仲是紂王的太師。
當年武王伐紂，
聞仲率兵抵禦。
但**帝辛**出差打夷方，
把軍糧都帶走了。

聞太師廚神上身，
創作了一款甜味糕餅（豆沙餡），
抗餓好吃還易儲存。

雖然仗打輸了，
商朝也倒閉了，
但太師餅留到了今天，
被民間評為甜月餅鼻祖。

其實啊……
歷史上壓根沒有聞仲這個人，
商紂的太師也都不姓聞，
他只是《封神演義》裡的角色。

所以，
「太師餅是月餅鼻祖」純屬傳說，
但這齣行銷大戲還有彩蛋，往下看。

2

月餅＝楊貴妃餅？
吃了又胖又美

聞仲是虛構的，
但西漢第一驢友——**張騫**是確實存在的。

從阿富汗和新疆地區回來後，
除了老婆，
張騫還帶回了圓餅。

這大餅是由芝麻和胡桃仁做成的，
有點像新疆的饢。

當時，
中原人民幾乎沒見過芝麻、胡桃仁和小麥麵粉，
再加上這東西是從西域代購回來的，
所以大家喊它——
「胡餅」，跟胡椒、胡蘿蔔是一家的。

「胡餅」在中原流行後，經過漢人改造，
越來越像現在的廣式月餅。
1980 年代，新疆還挖出了 2000 多年前的餅。

據說餡是葡萄、
紅棗、糖和芝麻。

對於沒有麵粉的漢朝，
胡餅成了皇室網紅美食。

東漢**靈帝**號召全國一起吃，
東晉**王羲之**在相親時，
還躺在木沙發上吃胡餅。

一餅在手，相親我有。

王羲之

講了這麼久，胡餅和月餅有半毛錢關系嗎？張騫是月餅的代言人二代嗎？

代言人二代在唐朝，
那時胡餅還是最受歡迎的西域食品。

▼

某天月圓之夜，
唐玄宗和小嬌妻**楊貴妃**在湖邊賞月，
此時一位胡人向唐玄宗進貢上好的胡餅，
唐玄宗突然精神潔癖起來：

這麼好吃的餅，
怎麼能取這麼難聽的名字呢！

一旁的楊貴妃抬頭看了看圓圓的月亮，
靈感湧上大頭——

其實，
楊貴妃這句話，
傳說 100 多年前，
唐朝二把手**李世民**就已經說過了。

▼

當時將軍**李靖**順利打敗突厥，
吐魯番商人送胡餅恭喜李世民，
李世民指著天上圓月說——

應將胡餅邀蟾蜍月亮。

唐太宗

終於輪到我上場了。

然鵝

這句話只是民間傳說，
畢竟，
在唐朝一把手**李淵**的傳記裡，
月餅是手下**裴寂**發明的。

搶皇位就算了，月餅代言人也要和我搶！

李淵

西元617年8月15日，
當隋煬帝在江南抑鬱時，
大量隋軍投靠李淵軍隊，
導致軍糧不夠吃了。

軍隊老大裴寂深夜發愁，
看了看頭頂的圓月，
靈感頓時就來了。

他決定把各種雜糧裹在圓餅裡，
體積小好攜帶，
飽餐還便宜，
成功解決了溫飽問題，
拿下了長安。

從此，
每到 8 月 15 日這一天，
李淵就給員工發月餅，
紀念共患難的日子。

呃，這熟悉的劇情……莫非裴寂和聞仲拿的是同一套劇本？

說到底，軍人還是月餅的代言人。

你聽我解釋。

3

月餅＝放假？
假期這東西，從古到今都很受歡迎

中秋月餅代言人這點小事都被李家包下了，
還錯誤百出，
因為從唐朝開始，
老百姓一年四季一日三餐都在吃胡餅，
壓根不是中秋獨家。

 那究竟應該信哪位代言人呢？

這個朕懂。

按朕說，
還是信中秋節「本人」吧。

什麼時候有中秋節，
什麼時候就有月餅。

這題我會！現在中秋都會拜月，那古人開始祭月那天，就是中秋節面世那天！

話可不能這麼說，
古人祭月那只是圖騰崇拜。

《禮記》就有記載，
皇帝在豐收季節仲秋祭月，
祈求國泰民安，年年豐收。

仲秋應指 8 月，
不專指 8 月 15 日。
再說當時供品也沒有月餅這個東西。

更關鍵的是……

祭月那天也沒有全民放假！

人家還想好好休息！

按放假這個邏輯來執行的話，
那就好辦了！

「中秋放假」最早出現在
南宋的《慶元條法事類》，
規定中秋放假一天，
中秋節正式成為法定節日，
「月餅」這個詞也正式出現在美食書裡。

沒有放假就沒有買賣，

假期才是中秋月餅的唯一代言人！

4

月餅＝朱元璋餅？
吃了保你傳紙條不被抓

在元朝，
月餅生意都爆紅起來了，
有人還趁機打起了「地圖炮」，
搶占中秋月餅代言人第四代。

當時的統治者很殘暴，
各地百姓都想起義，
為了能夠集合各路義軍，
朱元璋聽了軍師**劉伯溫**的意見，
在烤麵餅裡夾帶紙條，
將準備起義的消息傳遞給各地義軍。

批閱處

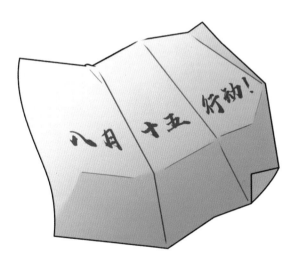

祕密行動怎麼不用飛鴿傳書啊？
用完了還能烤來吃，安全又好吃。

因為元朝統治者不愛吃烤麵餅，
所以這辦法成功騙過了他們，
朱元璋帶領的起義成功，
推翻了大元朝。

看招！！

為了紀念這個事件，
人們便在 8 月 15 日這一天過中秋節，
吃有夾餡的烤麵餅，
而這種烤麵餅最後演變成現在的月餅。

風評被害

我愛吃月餅，愛吃！

浪漫的月餅怎麼說是「地圖炮」的代表？

你聽我解釋。

批閱處

其實，
這又是安徽的民間小傳說，
BUG 不能再多了。

▼

首先，
朱元璋起初是投奔了郭子興的義軍，
他和劉伯溫壓根沒有首發起義。

再說，
亂世那麼多饑民，
月餅運送時被人偷吃了，
祕密馬上就會暴露，
這個計畫太不可靠了。

當時的實際情況是——
隨著月餅買賣市場越來越大，
明朝的商家開始大肆宣傳中秋節的儀式感。

《西湖遊覽志餘》如是說：
「八月十五日謂之中秋，民間以月餅相遺，取團圓之義。
是夕，人家有賞月之燕（宴）……」

5

月餅＝乾隆餅？
吃了保你一日寫 1.5 首詩

中秋月餅剛爆紅時，
五仁月餅最受歡迎，
人稱網紅貴族月餅。

連《紅樓夢》都有免費廣告置入，
只有一家之長的賈母才能吃「內造瓜仁油松瓤月餅」。
注：「內造」是指大內御膳房做的點心，
「瓜仁油松瓤月餅」則是五仁月餅的一種。

昨日的我你們高攀不起。

五仁

今日的你我們一生黑。

批閱處

沒想到的是，
比《紅樓夢》更紅的月餅代言人是——

乾隆！

乾隆六下江南，
有一年，
他到杭州時正值中秋。

有人獻上甜餅，
乾隆一邊賞月一邊吃餅，
心情十分美麗，
一直誇讚：
「好月！好餅！」
從此這種甜餅就被稱為「月餅」。

乾隆成了月餅代言人五代。

乾隆我惹不起，我放棄抵
抗了，黃桑你別跪了。

嫦娥惹不起的人，
當代廣告小王子敢惹，
乾隆活生生成了各路月餅代言人。

不愧是我！

乾隆

6

月餅＝富人餅？
吃了保你存得了錢

明清時期的中秋必備品，
到了民國，
卻成了奢侈品。

能吃得了月餅的非富即貴！

1933 年，
一名紡織女工月收入 1 元至 5 元，
但一盒月餅最便宜也要 9 毛，
普通人壓根買不起。

於是，
月餅老闆們實行月餅分期付款這一招。

俗稱餅會。

批閱處

當然，
到了現在，放假必須是中秋月餅的唯一代言人。
沒有假期，月餅就只是一頓普通的點心！

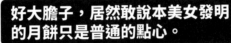

好大膽子，居然敢說本美女發明
的月餅只是普通的點心。

不，你只是一隻蟾蜍（癩蛤蟆）。

為什麼把嫦娥叫作蟾蜍，
後面告訴你！

更關鍵的是，
中秋節過完後，
你未來七天的三餐都是——

月餅月餅月餅月餅月餅月餅月餅……

《封神演義》

　　《封神演義》雖然講的是商周時期武王伐紂的故事，實際上成書於明朝。裡面的故事大多有個演化的過程，例如，各位愛卿所熟知的姜子牙斬將封神的故事，其實早就流傳於民間。

　　元朝《武王伐紂平話》就提供了故事的雛形。明朝的余邵魚編輯的《列國志傳》又在這個故事裡面加料。之後，傳說是明朝的許仲琳完成了《封神演義》。

　　正是加入了這麼多朝代這麼多人的創作，《封神演義》才會那麼生動有趣，姜子牙、哪吒、楊戩等英雄形象才那麼栩栩如生。

張騫

　　張騫，可以說是中國最出名的一名快遞員。只不過這個快遞員還兼具外交家、旅行家和探險家等多重身分。

　　漢武帝時期，張騫先後兩次出使西域，完成了中國與中亞、西亞、南亞和歐洲之間的很多貿易訂單，並打通了「陸上絲綢之路」。透過這條通道，中國的絲綢、茶葉、漆器和其他產品被外國人瘋狂搶購。

　　而歐洲、西亞和中亞的寶石、玻璃器等產品也讓中國人大開眼界。因此，張騫被譽為「絲綢之路的開拓者」、「第一個睜開眼睛看世界的中國人」。

盲猜隨堂考

① 傳說黃帝時期，因造字而出名的是哪一位？

    Ⓐ 倉頡

    Ⓑ 伶倫

    Ⓒ 力牧

    Ⓓ 常先

② 殷商時期，出現在龜甲或獸骨上的文字是？

    Ⓐ 龜古文

    Ⓑ 獸骨文

    Ⓒ 甲骨文

    Ⓓ 金文

③ 秦始皇把文字統一簡化成什麼？

    Ⓐ 秦篆

    Ⓑ 小篆

    Ⓒ 隸書

    Ⓓ 楷書

棄權

呃……

再想想

答案見本單元「小知識」

除夕——
「請問你有買福袋嗎?」
福字背後還有這樣的故事!

過年集「福」習慣起源於某年。
那一年的除夕，
無數人為了「集」到「福」字，
早早尋找祖傳貼膜高手，
為自己的愛機貼上一層鋼化膜。
（為的是手機螢幕不被戳破。）

卻不幸在除夕夜，戳到手指骨折，
才分到一塊九毛八。

之後幾年的集福活動每年都匆忙地開始，
如果你發現身邊再也沒人集「福」字呀……

說明你沒朋友！下一個！

華人特別青睞「福」字。

五福肥到屋，幸福樂悠悠。

（湖南方言：五福回到屋，幸福樂悠悠。）

那麼，愛卿知道嗎？
「福」字是**怎麼來的？**

是不是，突然想耍帥，
但發現腦子一片空白？

朕今天就要賜你──

《過年回家耍帥祕笈──「福」字小知識》

一本　　　耍帥
在懷　　　猴厲害

古代的先民們
因為沒有科學家的指導，
使得他們對自然現象
（颶風、下雨、電閃、雷鳴等），
充滿了敬畏之情。
他們相信，萬物皆有神靈，
如果想好好活下去，
除了找到足夠的食物之外，
還需要做一件特別的事——

向神靈獻祭祈福！

向神靈獻祭食物，
讓神靈保佑自己平平安安。

這樣的祈福活動跟廣場舞一樣長期推廣，
但卻沒有記錄下來，
因為當時文字還沒有被發明。

沒有字？
怎麼寫「福」！

黃帝時期，
一開始人們都是用不同粗細的繩子打結
來表示不同的意思，
這就是結繩記事。

後來事情越來越多，
史官倉頡（ㄐㄧㄝˊ）便從鳥獸的爪印中受到啟發，開始造字。
傳說倉頡造字時，天上下起了稻穀，
鬼在夜裡哭喊。

批閱處

昔者倉頡作書，而天雨（ㄩˋ）粟，鬼夜哭。
—— 《淮南子·本經訓》

當然，倉頡造字屬於神話傳說，
漢字的發展其實有著相當漫長的過程，
並不是某一個人或一個時期的產物。
現代認為漢字的演變，
可以簡略地分成五個階段：

聲·形·象·數·理

簡單來說就是——

例如，「ㄇㄠ」可能是從貓叫聲「喵」中分化出來的。

形

取事物的主要特徵形成圖案。
例如，岩洞壁上的「日」、「月」。

我看起來圓圓的，最早的甲骨文就是一個類似的圓加中間一個點。

我常出現的形態就像彎彎的眉毛，所以甲骨文也是這樣表示。

將不同的「形」進行組合。
例如，日＋月＝明，表示光線很亮。

「數」的概念從開始的一、二、三發展成字根重疊的漢字。
如「噪」，表示樹上有很多小鳥嘰嘰喳喳地叫。

理

二狗子！

「理」是「象」和「數」的擴展，
漢字外延的演變主要是透過「理」來擴大的。
例如，「明」本意是明亮，
衍生出「眼睛看得清楚、心裡明白、事情變得明顯」等意思。

批閱處

隨著這個發展趨勢，
漢字的字體逐漸成形。
殷商時期，出現了在龜甲或獸骨上楔刻的文字——

甲骨文

甲骨文屬於象形文字，
即用抽象的圖案表示各種事物。
於是華人歷史上的第一個「福」字誕生了。
它代表著祭祀，祈福。

表示祭祀 ←
巫師手部的動作
← 酒罈
雙手捧酒奉獻

你儘管掃，掃得出「福」算朕輸。

甲骨文作為漢字的「祖先」，
出土總數將近 4500 個，
但這個時期的文字只是簡單的圖案，尚未成形。
另一種就是出現在青銅器上的升級版文字——

金文。

這是金文的「福」字——

注：「甲骨文」、「金文」屬於附著在不同材料上的古文字。
沒有時代的先後順序關係。因為早期的商代也有金文，後期的
西周也有甲骨文。

這兩種文字十分相似，但也有各自的特點，
甲骨文筆道細、直筆多，
而金文筆道肥粗，團塊多。

到了春秋戰國，戰火紛飛，
各個國家都發展出自己的文字。

直到秦朝，
強迫症患者秦始皇終於把文字統一起來。
在秦篆的基礎上進行簡化，
形成了字體優美的「小篆」。

註：黃桑顏值宇宙第一

之後，隸書作為小篆的簡化書寫，
替代了小篆成為主流。
漢代是字體發展的黃金時期，
出現了楷書、行書、草書，
漢字的書寫也成為一種專門藝術——
書法。

隸書：蠶頭燕尾、一波三折。

顏值全天 24 小時（誤）上線。

楷書：形體方正、筆劃平直。

批閱處

請叫我瘋了風一般的男子。

行書：行走的書法。

社會有型哥有樣，但哥不是你對象。

草書：結構簡省、筆劃連綿。
此外，明朝還增加了宋體，
清朝增加了黑體。

雖然字體在不斷變換，
但中國人對「福」字的眷戀，亙古不變。
春節貼「福」字，
也是民間由來已久的風俗，
貼上「福」字，
福氣也會伴隨著一家人。

歲旦在邇，鋪席有貨，畫門神桃符，迎春牌……
——《夢粱錄》

註：春牌便是福字。

除夕

　　大家都知道，春節前一天夜晚叫除夕。那除夕到底為什麼叫「除夕」呢？

　　除，就是去除，夕，就是夜晚，過完這一年的夜晚，就是新年了，所以這一天晚上就叫作除夕。現存文獻中最早提及「除夕」這一名稱的，是西晉周處編撰的地方風物志《風土記》。另據《呂氏春秋·季冬記》中說，古人在新年的前一天用擊鼓的方法來驅逐「疫癘之鬼」，每年將盡的時候要舉行「大儺」的儀式，這些都是當時「除夕」節令的習俗。

　　除此以外，人們還有除夕驅趕年獸的習慣。關於年獸的故事，在接下來的篇章將詳細介紹。

隨堂考參考答案 ① A ② C ③ B

是時候表演「轟」人的技術了！

老張進入直播間

小明進入直播間

顏　　值：	●●●●●●●●●○○
人 氣 值：	♦♦○○○○○○○○
財 力 值：	♦♦○○○○○○○○
能 力 值：	♦♦♦♦♦♦♦○○○
偶遇機率：	♦♦♦♦♦○○○○○

電閃雷鳴的時候，或許他會出現在你眼前，
但別出門尋找了，很危險。

古人崇拜誰？

北歐雷神索爾都成了超級巨星，
中國的雷神呢？

説起雷神，大家會想起誰？

為什麼北歐雷神索爾可以成為超級巨星，
而華人世界的雷神卻默默無聞，
甚至連名字都沒幾個人記得住呢？

舉手的那位，先聲明，雷震子
和雷神沒半點關係。

對於這些問題，
朕什麼都不想説，
默默給在角落畫圈圈的華人世界的雷神一個鏡頭。

不過，話說回來……
其實在最初，華人世界的雷神還是挺有地位的。
而且那時候，
雷神顏值還是很「高」的！

根據《山海經》記載：
最初的雷神，
有著龍的身體和人的腦袋，
拍打他的肚子就會出現雷聲。

雷澤中有雷神，龍身而人頭，鼓其腹。在吳西。
　　　　　　　　　　　　　——《山海經·海內東經》

那麼雷神是怎麼
淪落到今天這地步的呢？

雖然今天我們都知道，
打雷是大氣中帶正負極電荷的雲層摩擦的結果，
只是一種很平常的自然現象。

然鵝

在古代，雷電是十分神祕的存在，
那時候的人連鑽木取火都還沒學會……
高高興興出門，
追著野獸，採幾個野果，
突然就被雷劈了。
古人對雷電還是非常害怕的。

批閱處

古人理所當然地認為，
打雷是天上有神在放技能。
於是，雷神成了第一批受古人膜拜的神祇之一。

成功從贏在起跑線上開始！

為了上位，
雷神藉著打雷帶來的降雨現象繼續大規模「圈粉」。
從原本單純的自然神，
變成身兼數職的綜合神，
祛邪、避災、祈福……
各種業務一樣不落人後。

必須承認，
雷神的努力還是很有效果的。

甚至，
在上古神話裡，
雷神還是華夏人類始祖伏羲和女媧的親爹。
伏羲的老媽華胥小姐，
就是在郊遊時候踩到雷神的腳印，
才意外懷孕的。

《帝王世紀》提道：
「有巨人跡出於雷澤，華胥以足履之，有娠生伏羲於成紀。」

然 鵝

就在雷神離成功只有一步之遙的時候，
他犯了一個致命錯誤——

雷神部門大量擴充編制，
人間有升仙的都往裡分配。

雷神就這麼從一個神，
發展成一個複雜的組織。

並給自己取了一個
極其難記的藝名——

九天應元雷聲普化天尊。

聽起來很威風的樣子。

為了迎合不同朝代的審美，
雷神進行了一次又一次的「整容」。

漢代的雷神是大力士，
唐代變成了豬頭，
宋代則是鬼頭。

到明清時代，
雷神才以猴臉、尖嘴的形象固定下來，
一直流傳到今天。

狀若力士，裸胸袒腹，背插兩翅，額具三目，臉赤如
猴，下頷長而銳……

——《集說詮真》

好像有哪裡不……

鬼啊！

我要求再整一次，變不成小鮮肉，長腿歐巴也好啊！

整容有風險，動刀需謹慎。

批閱處

更慘的是，
同期還有玉皇大帝、二郎神、八仙、七仙女等
新生代神仙。

雷神慢慢成了專職打雷的役使神。

再後來，
連打雷下雨的工作，
也被各地的龍王搶了去。

我猜到了開頭，卻沒猜到結局。

後來，
雷神更是被徹底邊緣化，
在明代網紅小說《西遊記》裡，
和 18 線女神仙電母組了個 CP（配對）。

就是個打醬油的臨時工，基本上
沒什麼出鏡率。

説到這裡，
雷神似乎真的是徹底失敗了？

然 鵝

即便在信仰科學的今天，
華人世界的雷神依然還有一個其他神祇
無法代替的職能。

那就是詛咒！

在中國傳統文化裡，
雷神還是負責懲罰罪惡的神祇，
如果有人違背誓言，
就可能遭五雷轟頂而死。
所以古代人經常用天打雷劈來發誓。

愛卿如果不信，
下次雷雨天也不要嘗試，
因為這樣十分危險。

批閱處

小劇場

完

小知識

五雷轟頂

　　每當外面雷聲陣陣的時候，朕總是不禁懷疑這又是哪個渣男渣女違背了誓言，畢竟人們發誓的時候，經常會用到這個成語。清代石玉昆的作品《小五義》：「我要是有半句虛言，叫天打雷劈，五雷轟頂」，「五雷轟頂」這個成語就出自這裡。驚雷轟擊頭頂，比喻人受到意外打擊，也用來自己發毒誓或詛咒別人不得好死。

　　那麼，為什麼是「五雷」？這裡有好幾個不一樣的說法。說法一，雷公為兄弟五人，所以是五雷；說法二，古代中國人認為世界上的一切物質都是由金、木、水、火、土五大元素構成，稱為「五行」，而「五雷」則分別代表「金雷」「木雷」「水雷」「火雷」和「土雷」；說法三，按照中國傳統道教文化來說，分為天雷、地雷、水雷、神雷和社雷。

批閱處

雷電相關詩詞

　　雷電這麼炸裂的自然現象，給古代詩詞達人們提供了創作靈感，留下了不少千古佳句。

　　「雷填填兮雨冥冥，猿啾啾兮狖夜鳴。」

　　　　　　　　　　　　　　　　　—— 《九歌 · 山鬼》屈原

　　雷雨聲越大，越顯得山林幽深靜寂。正是這樣清晰的雷聲，更顯得屈原哀的孤寂。

　　「殘雪壓枝猶有橘，凍雷驚筍欲抽芽。」

　　　　　　　　　　　　　　　　　—— 《戲答元珍》歐陽修

　　似乎還帶著冰凍之聲的春雷，在驚蟄時分驚醒了竹筍，它們聽到了春天的訊息，準備振奮精神破土而出。表現出詩人遭貶謫後自我寬慰之意。

本篇關鍵角色：龍

聽說你們現在會人工降雨了，
那我是不是就可以放假了？

顏　　值：
人 氣 值：
能 力 值：
偶遇機率：

可遇不可求。

每一次尬舞，
都在為祈雨做準備！

每一年的炎炎夏日，
高溫絲毫沒有放過人類的意思，
看著大放光芒的太陽，
人類不禁開始懷疑——
后羿你射的是九個假太陽嗎？

求雨，
從古至今都站在降溫大法的第一梯隊內。
今天，
就讓朕賜你求雨大法，
助力你成功躲避軍訓煩惱！

每求一次雨， 就有一條蛇慘遭毒手

提到雨，
最先想到的自然是
氣象管理局的公務員——
龍。

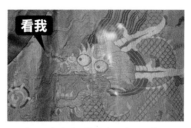

清·明黃色八吉祥紋妝花緞龍袍　　　清·黃色柿蒂窠妝花緞蟒袍

清·紫地緙絲龍袍　　　　　《延禧攻略》搶戲龍紋

從遠古時期開始，

人們就已經用龍來求雨。

他們認為將龍困在地上使其無法行動，

加之太陽的曝曬，

可以使得天上的龍王下雨救地上的龍，

以免其被曬成龍乾。

我算是看出來了，你們就是
對我們龍龍有意見。

但是，

這龍說是有，

也沒見人抓到過啊。

那怎麼辦？

機智而又勤勞的人民，

將目光投向了低配版的龍——

蛇。

發出友善而文明的質疑

具體的作法夸父早已給我們示範過，

大家只知道夸父追日，

卻沒注意到：

夸父是以手拿蛇杖、

耳戴蛇形耳環的形象在追太陽，

也就是說——

追著太陽曬蛇，

祈求上天下雨。

聽說你們還在分析我的故事，說珍惜時間、堅持不懈啊。其實，我只是求雨而已。

夸父

奔跑 奔跑

> 大荒之中有山，名曰成都載天。有人珥兩黃蛇，把兩黃蛇，名曰夸父。
>
> ——《山海經·大荒北經》

龍就像女朋友， 還是要寵著才行

經過多年的嘗試，
人們發現透過威脅龍來降雨這事，不僅效率低還特別累，
於是他們一改以往態度，
變成了寵龍狂魔。

憑什麼虐的時候是虐我，寵的時候是寵牠。
生而為蛇，我覺得好悲傷。

批閱處

例如，
不僅定期給龍準備高級料理——
祭祀牲畜。

還要準備五星級酒店供龍享受——
龍王廟。

提供專業人士的加油打氣服務——
七女祈雨法。

甚至準備專業課本教育大家如何寵龍——
《求雨》、《畫龍祈雨法》等。

致力於給龍 360° 的專業級呵護。

今天教的《求雨》是考試重點，每一季度的求雨服裝、尺寸、方位都有細節不同，大家好好複習背誦全文，後天進行這季度的寵龍考試！

以戊己日為大黃龍一，長五丈，居中央。又為小龍四，各長二丈五尺，於南方，皆南鄉。

——《春秋繁露·求雨》

但是龍就跟女朋友一樣，
並不好哄。
有時候啥都做了，
牠就是不肯下雨，
逼得人們出了下一個狠招……

終於到了朕最喜歡的環節！

祭天，瞭解一下。

祭天，
還得從商朝說起。
商朝剛建立不久，
就發生了一場長達 7 年之久的罕見旱災。

> 7年了，老天爺為什麼要這麼對我。
>
> 你可以改名了，叫「毒雞湯」吧！

湯七年旱，禹五年水，民之無糧賣子者……
—— 《管子·山權數》

旱情剛開始的時候，
商湯就積極組織人群抗旱。

然而，

並沒有什麼用，
畢竟是西元前的事情，
面對這樣無法解釋的現象，
人們選擇迷信。
於是在郊外設立了專門的祭壇。

其實很好解釋，商湯滅了夏朝，夏朝的怨念集結成了炎炎夏日以及乾旱，久久不能驅散。

黃桑，你醒醒，21 世紀了。

批閱處

即便如此，
老天依舊吝嗇得一滴雨都不肯下。
第七年，
一個占卜師告訴商湯，
祭人才可以求得雨。

於是商湯整理打扮好自己後，坐在柴堆上，
點了火自告奮勇被祭天。
結果，
毒雞湯還沒熬上，
等待 7 年的雨就來了。

不用擔心我，都是我的錯，我只求走得體體面面。

緊急插入

今日突然暴雨狂風，為避免危險，請大家減少出行喔。

乃使人積薪，剪髮及爪，自潔，居柴上，將自焚以祭天。火將燃，即降大雨。

——《淮南子》

我這麼冤，可憐一下我吧。

從前面的求雨方式看，
老天爺看起來心腸都比較硬，
但其實；他也有著柔軟的一面。

當年朱元璋當吳王的時候，
就遇見了一場旱災，
便找到當時氣象局的監測員**劉伯溫**，
詢問是怎麼回事。
劉伯溫根據所學的專業知識，
告訴朱元璋，是因為獄中有冤情。

徹查後發現，
獄中果然有不少冤情，
將冤假錯案全都平反後，
不出幾日，果然就下雨了。

類似「天降異象，必有冤情」的事件
還有**竇娥冤**，
都是因冤假錯案戳中了老天柔軟的心，
從而示警。

老天不愛我，我明明沒有吃什麼，卻變胖了，感覺很冤，為什麼不下雨呢？

你有吃沒吃，心裡真的沒數嗎？

朕說，你的求雨必備！

到了現代，
求雨變得簡單多了。

新進求雨專家──
黃桑，瞭解一下。

第一場簽書會前，
當地超大颱風降雨，
水深直逼大腿。

今天的雨，比嫻妃黑化那天還大。

第二場簽書會，
當地還是颱風，**簽書會結束**瞬間烏雲密布，
整個**簽書會期間**，
預告去哪裡，哪裡就颱風警報，
走到哪裡去，哪裡就下雨。

突然想起了那個
困了兩年還沒發
出來的回南天

也許是下筆若有靈，簽書必降溫。

所以，如果你希望看到下雨的話，
不妨告訴朕哪裡需要降雨，
朕看心情，
賜你解決煩惱的大招吧！
（才怪）

帶走這個黃桑，雨神會來寵幸你。

總覺得哪裡怪怪的。

小劇場

突擊小測驗

愛卿們，前面給大家介紹了諸多經典作品，現在來考考大家有沒有記牢。

① 小明早上 7:30 起床，中午 13:20 午睡。放在古代的話，相當於十二時辰中的（ ）時起床，（ ）時吃飯？

Ⓐ 辰時起床，午時午睡

Ⓑ 卯時起床，午時午睡

Ⓒ 辰時起床，未時午睡

Ⓓ 子時起床，未時午睡

② 《東京夢華錄》中的東京，指的是現在哪個城市？

Ⓐ 北京

Ⓑ 東京

Ⓒ 南京

Ⓓ 開封

③ 唐詩連連看

著處繁花務是日， 長沙千人萬人出。	借問酒家何處有？ 牧童遙指杏花村。	杜　牧
烏啼鵲噪昏喬木， 清明寒食誰家哭。	渡頭翠柳豔明眉， 爭道朱蹄驕齧膝。	白居易
清明時節雨紛紛， 路上行人欲斷魂。	風吹曠野紙錢飛， 古墓壘壘春草綠。	杜　甫

答案請參見第 282 頁。

劉伯溫

　　如果要在中國的野史傳說中，找到一個能跟諸葛亮對打的人，劉伯溫可以說最合適不過了。在民間就曾流傳著「三分天下諸葛亮，一統江山劉伯溫；前朝軍師諸葛亮，後朝軍師劉伯溫」的說法。

　　歷史上，劉伯溫是明朝的開國功臣之一，是為數不多能被多疑的朱元璋信任的人。據說，朱元璋打天下的時候，從不叫他的名字，而是恭敬地稱為「老先生」。每遇到重要事情，都要找老先生關起門來說悄悄話。

　　劉伯溫和諸葛亮一樣，能夠運用自己的所學「預知」未來。傳聞，劉伯溫的《燒餅歌》就預知了整個明朝的未來。

顏　　值：🔥🔥🔥🔥🔥🔥⚪⚪⚪⚪

人 氣 值：🔥🔥🔥🔥🔥🔥🔥🔥🔥⚪

能 力 值：🔥🔥⚪⚪⚪⚪⚪⚪⚪⚪

偶遇機率：🔥🔥🔥🔥🔥🔥🔥🔥🔥⚪

真是讓人又愛又害怕的寶貝。

光衝著烤肉這點，
人們崇拜火神還需要理由嗎？

火，
讓人類感受到了溫暖；
讓人類不在黑夜摔倒；
讓人類感受熟肉魅力。
光是衝著烤肉這點，
人們崇拜火，
還需要什麼別的理由嗎？

我單方面宣布和阿火結婚，這輩子不離不棄。

那麼問題來了，
人是怎麼開始用火的呢？

傳說最開始，
從未見過火的人類，
對火的第一感覺是：**可怕**。
首先「未知」就自帶恐懼，
而森林起火的陣勢太大，
足以嚇壞人類。
所以人們一開始認為，
火是不祥的東西。

然鵝

也多虧了森林大火，
一些野獸沒能逃出來，
才讓事情發生了轉折。

火滅之後，
人們再次回到這裡，偶然間撿到了被烤熟的野獸，
一股肉香撲面而來。
抱著試一試的心態，
咬了一口——

啊，這，這就是燒烤的魅力嗎？

嚐到了熟肉味的人類，
再也不想吃又腥又涼，
吃了還會拉肚子的生肉。

蛋是

那時候人們還不會生火，
就靠偶然的雷劈起火、夏季乾燥冒火的方式，
隨機獲得火種，
並不能保證天天都能吃上烤肉。

你擁有過火嗎？從滿心歡喜到滿目瘡痍，生不出火，我很抱歉。

帝嚳（ㄎㄨˋ），
也就是黃帝的曾孫，
有個大兒子叫契，又名閼（ㄜˋ）伯，
是老婆不小心吃了玄鳥蛋後生下來的。
大兒子老和二兒子打架，
為了讓兩人冷靜冷靜，
帝嚳就帶著契出門散心、體察民情，
偶然發現了有的村子還在吃生肉。
盯著大家身體虛弱的樣子，
帝嚳關切地問道——

噢，我的老天爺啊，你們怎麼還在吃生肉？

很明顯，沒有火啊。

帝嚳

為什麼沒有火啊？

很明顯，我生不出火啊。

那為什麼不去別處找，然後保存住不讓它熄滅？

我不行，你行嗎？

我行，來，兒子，上吧！

契

??

批閱處

昔高辛氏有二子，伯曰閼伯，季曰實沈……日尋干戈，
以相征討。

——《左傳》

反正契回家也是跟弟弟打架，
不如留他在這邊幹活。
一能把找火的鍋甩給他，
二還能把兩人直接隔離。

於是帝嚳指著天上的一顆星星對契說：
「這商星（也叫大火星）以後就交你管了，
商星底下這塊『商』地也一起封給你，
所以，這找火的事就拜託了喔。」

我覺得很商星（傷心）。

後帝不臧，遷閼伯於商丘，主辰。商人是因，故辰為
商星。

——《左傳》

而帝嚳的二兒子，
之後也被分配到西邊去管參星。
每當商星從東方升起，
參星已沒於西方的地平線下，
正如詩句所說，
「人生不相見，動如參與商」。
兄弟倆這輩子見不了面，
帝嚳終於落得耳根清淨。

舒服了。

當兄弟，還是和和氣氣好。

話說回契，
找火不難，存火難。
火滅的原因分為兩大類：
①洪水氾濫。
②柴草不夠。
柴草好找，洪水難搞，
於是，契思來想去後決定——

不然，先玩一下泥巴吧！

啪

土丘

土丘就這麼一直堆，
堆到洪水已經達不著它的高度，
契才安心地把火種放了上去。

下雨了

咳咳，
契在土丘上搭了一個遮雨的棚子，
再次安心地把火種放了上去。

火種保住之後，
契再帶領大家積極尋找柴草。

不得不說，
吃了玄鳥蛋生下的孩子就是不一樣，
契成功了。
他讓這個商星照耀的地上，
再也沒有因為吃不到烤肉而傷心的人，
契也因此成了大家心中的火神。

契不僅守護火種，
同時也在守護商星，
沒事幹時就看看星星。

這麼看著看著……
他就發現了點規律，
這顆星總是３月出現９月隱退，
四捨五入就是象徵了：
３月到９月用火，有商星在天上守護，
穩得很不用慌，
其他月份可就得小心了。

這四捨五入兼職當了天文學家。

鶉火星昏在南方，則令民放火。建成之月，大火星伏在日
下，夜不得見，則令民內火，禁放火。

——《左傳》

由此，
商星也有了大火星的稱號。
每當商星不見時，
人們會很擔心，
烤肉會不會說沒就沒？
火會不會也消失不見？
於是在每年９月左右，
都會舉行祭祀儀式，
祈禱明年還能準時看見這顆星。

後面發現，
祭不祭祀這顆星，它都還蠻準時的。
四捨五入就沒啥祭祀的必要，
於是便改去祭祀火神了。

> 人類永遠不會珍惜準時的，
> 下次大家可以勇敢遲到了。

例如，宋朝以火紀德，
宋高宗趙構就給火種先驅契一個全新的名號──
商丘宣明王。
每年皇帝會親自主持祭祀商丘宣明王的祭典，
祈禱火神保佑豐收和平安。

希望火神保佑，明年依舊能吃上烤肉。

後面人們又覺得，
光搞祭祀蠻沒意思的，
於是決定在 9 月來個節日輕鬆一下。
接著，
便有了九九重陽節。

為什麼要選九月九日呢？

因為在《周易》中，
奇數為陽，偶數為陰。
9月是商星離去，天氣由陽轉陰的日子，
九也是奇數裡面最大的。
九＋九就是雙倍陽氣，
這一天的陽氣是整年裡最盛的，
最適合搗蛋。

所以，重陽節別只想到菊花了，
還可以想到烤肉火神崇拜。

不過話説回來，
保留火種，祈禱火種永不熄滅，
這些作法還是比較玄學。
畢竟誰也不知道
會不會出現意外，
所以自己能造火才是最重要的。
於是，
遠處的**燧人氏**，
邁著自信的步伐向我們走來。

火苗生產才是第一生產力。

燧人氏

在燧明國有一種木頭叫燧木。
燧人氏發現，
鳥在啄這種木頭的時候，
會出現一絲火星，
這讓燧人氏一下子頓悟了。

有用的知識增加了。

頓　悟

他模仿鳥的樣子開始搗鼓燧木，
經歷了無數次的實驗，
他發現雙手對搓，
高速鑽木就能產生火。
燧人氏毫不吝嗇地將此法分享給所有人，
讓大家都過上了能安穩吃肉的真香生活。

有聖人作，鑽燧取火，以化腥臊，而民悅之，使王
天下，號之曰燧人氏。

——《韓非子·五蠹》

批閱處

巧的是，
燧明國在今天的**河南商丘**。
當年契去世後，
大家為了紀念他都會帶上黃土，
到他堆的土丘那裡添上一把，
土丘也就越來越大，
以封號「商」命名為商丘，
久而久之，該地名字也就變成了商丘。

作為中國火文化的發源地和重要流傳地，
今天商丘依舊有火神太廟，
還會舉行當地最盛大的廟會。
在每年農曆正月初四至初八，
為火神添土圓墳、吟誦詩詞來紀念他。

而正在看這篇文的你，
身為只管吃的飯桶，
也應該好好感謝火神。
畢竟沒有他們，
哪來這麼多好吃的東西呢！

我永遠愛火神！

參考資料：

1.《它由古代祭祀「大火」儀式而來？》中國新聞網
2.《中華「燧皇」考——燧人氏的事蹟及時代之考察》楊東晨
3.《中國古史的傳說時代》徐旭生

黃帝子孫

華人自稱「炎黃子孫」，我們一起來看看傳說中，黃帝的子孫後代。

傳說黃帝共有二十五個兒子，其中十四人被分封得姓。這十四人共得到十二個姓，它們分別是：姬、酉（一ㄡˇ）、祁（ㄑ一ˊ）、己、滕、葴（ㄓㄣ）、任、荀、僖（ㄒㄧ）、姞（ㄐㄧˊ）、儇（ㄒㄩㄢ）、衣。另外，青陽、蒼林與姬同姓。

後來的五帝——少昊、顓頊（ㄓㄨㄢ ㄒㄩˋ）、堯、舜、禹都是黃帝的後裔。這些後裔都繼承了姬姓，黃帝的後代周武王（姬發）建立了周朝；在西周初年，周武王（姬發）大封諸侯時，其中姬姓國就有五十三個。

《左傳》

先秦距離我們太過遙遠，不過好在還有少數史書流傳下來讓我們看看遙遠年代發生的事情。《左傳》就是相當重要的一本。

《左傳》，相傳由春秋末期左丘明所著，是中國古代一部敘事完備的編年體史書，更是先秦散文著作的代表。作品原名為《左氏春秋》，漢代改稱《春秋左氏傳》、《春秋內傳》、《左氏》，漢朝以後多稱《左傳》。它是儒家重要經典之一，與《公羊傳》、《穀梁傳》合稱「春秋三傳」。

聽說很多人想搶我飯碗。

顏　　值：
人 氣 值：
財 力 值：
能 力 值：
偶遇機率：

風繼續吹，課繼續上！

風神——歷經多代，目標只有一個：滿足社畜的願望。

上班族有一個樸素的願望，
錢是大風颳來的，該有多好。

要實現這個樸素的願望，
首先，你得先弄清宇宙終極問題——

盤古開天闢地後，
呼出的氣化成了風。

盤古氏泣為江河，氣為風，聲為雷，目瞳為電。
——《述異記》

這口氣，一吹就是好幾萬年，
終於吹向了知音——古猿。
他們住樹上，風餐露宿，
一邊跪求大風別吹走幸福家園，
一邊享受春風，一邊歌功頌德。

低情商

風好大。

高情商

本來無一物，
何處惹塵埃。

石器時代，
人從樹上搬到洞裡，
溫飽思大自然，
開始思考起來無影去無蹤的風。

是誰，送你來到我身邊。

雨和雷看得見，還有道具，
風就不一樣了，
看不見，摸不著，
自帶一股神祕的魔法力量。

不需要起跑線，才能贏在起跑線上。

石器時代風神

兩手空空

雷神

雨神

害怕它，就崇拜它，
崇拜它，就冠它姓。
建立姓氏制度的伏羲就姓風，
妹妹女媧也姓風。

風成了華夏最古老的姓氏之一，
創世神成了第一代風神，
華夏風神宇宙，緩緩開啟。

為什麼你要姓風？

伏羲

太久了，我也忘記了。

愛卿都知道，
風的放縱，
是因為冷暖空氣的宮鬥（對流）。

可是古人不知道，
以為是鳳凰在搞鬼。

破案了，真相只有一個，就是
這台跳舞永動機搧起的風。

第二代風神，閃亮登場！

> 鸞鳥自歌，鳳鳥自舞。
> ——《山海經》

鳳凰是天帝與人間的風使者，
祭祀時，為了祈求風調雨順，
祖先跳鳳舞，唱鳳歌，殺三隻狗祭鳳凰，
希望鳳凰看到暗號後，能按時起風。

狗狗這麼可愛，為什麼要殺狗狗？

傳說有隻狗，人臉狗身，是人間山寨風神，跑起來會掀起龍捲風，破壞菜田房屋，故古人殺狗敬鳳。

風吹到了商朝，

為了有合格的人事安排，商朝分工合理，
在人間給鳳凰安排了四大助理，預報四季風向——

東風劦（ㄒㄧㄝˊ），南風微，
西風彝，北風隩（ㄩˋ）。

人事任命都刻在了龜骨上，風和鳳同字。

批閱處

在甲骨文裡，

鳳＝風

大鳥長了一對長羽翼，
當牠飛翔跳舞時，
會帶起氣流，形成了風，
所以用大鳥展翼的形象表示「風」。

商朝是理科生，周朝就是文科生，
身為藝術家，周人致力把風打造成文藝樣貌，
鳳的歌聲傳遞出八種風聲，俗稱「八風」。

在朝廷，
周人總結成十二音律，十二音律奏出萬物天籟，
以此為基礎創造出古代天文、曆法、政治、軍事、數學
和八卦占卜。

王者制事立法，物度軌則，壹稟於六律，六律為萬事
根本焉。

——《史記・律書》

在田間，
農民模仿鳳凰、山川河流唱民歌，
民歌就是《詩經》裡的風，現在叫國風。
古人模仿天地萬物唱歌跳舞，祭祀天帝，
他們相信：
歌舞整得好，年年天氣好。

有弁州之國，五采之鳥仰天，名曰鳴鳥。爰有百樂歌舞之鳳。
——《山海經·大荒西經》

鳳凰飄忽不定，
為了提高天氣預報準確度，
天氣預報員瞄向了夜空的風神——箕星。
箕星特亮，明天就會颳好風。
第三代風神——

箕星，

拿下了接力棒。

《周禮》記載：
以實柴祀日、月、星、辰，以槱燎祀司中、司命、觀師、雨師。

《春秋緯》記載：
月離於箕，風揚沙，故知風師箕也。

飛廉，蚩尤的手下，人稱風伯。
他孔雀頭，鹿身，蛇尾，
黃昏散步時，偶遇風母，
學了致風和收風的法術，從此叱吒風壇。

在黃帝和蚩尤的大戰中，
蚩尤戰隊的飛廉猛發狂風，試圖擾亂戰場，
黃帝依靠指南車辨別風向，把飛廉打趴了。

被黃帝降伏後，
飛廉成了天帝的保安。
天帝出門，雷神開路，雨師灑水，
飛廉用風術掃地，淪為掃地僧，
副業才是給人間播報風向。

做天帝的員工也太慘了吧？想當年，人間的飛廉還是紂王的飛毛腿，為國立功的大忠臣呢。

風水輪流轉，都怪那台指南車，科技是第一生產力，誠不欺我。

漢朝以後，
天帝精兵簡政，
龍王一人掌握了風雨權，
風伯退居十八線，
成了一個老頭子。

風伯

為了生活，
他偶爾在《西遊記》裡客串風伯伯，
拿袋子放風，
偶爾還反串風婆婆，用嘴巴收風。
久而久之，
收風就代表偷聽八卦，
風成了八卦之神。

你在風裡，我就能感知到你。

雖然風伯兼職眾多，到處走跳，
但唐代以後的皇帝們還是守規矩，
風神祭拜禮，一頓不落。
畢竟，風神的龍捲風令人聞風喪膽。

蛋是

在現代，
風則成了年輕人「剁手」後的乾糧。

西北風是年度食物。

西北風，雙十一後必備糧食。

歷史長河證明，
月光族的你，
錢還真是西北風颳來的。

什麼錢？

你吃飯的錢。

吃什麼？

吃西北風！

參考資料：

1.《上古的風神崇拜與風神文化》 張應斌
2.《從箕星、風師到風伯神──論漢代風神崇拜模式的建立》李立

《詩經》

如果愛卿不知道該怎樣跟女孩子表白,那麼看它;如果各位愛卿不知道哪些植物可以吃,那麼看它;如果各位愛卿想知道天文地理,那麼還是看它……《詩經》的內容不僅僅如此。

作為中國最早的一部詩歌總集,《詩經》收集了西周初年至春秋中葉的詩歌,共 311 篇,其中 6 篇為笙詩(即只有標題,沒有內容)。而其他 305 篇內容豐富,描寫了勞動與愛情、戰爭與徭役、壓迫與反抗、風俗與婚姻、祭祖與宴會,乃至天象、地貌、動物、植物等各式各樣,是周代社會生活的一面鏡子。

《詩經》在風格和內容上,可以分為《風》、《雅》、《頌》三個部分。《風》是周代各地的歌謠;《雅》是周人的正聲雅樂,又分《小雅》和《大雅》;《頌》是周王庭和貴族宗廟祭祀的樂歌,又分為《周頌》、《魯頌》和《商頌》。至漢武帝時,《詩經》被儒家奉為經典,成為「六經」及「五經」之一。

《周禮》

《周禮》是西周時期的著名政治家、思想家、文學家、軍事家周公旦所著。在漢代最初名為《周官》,始見於《史記·封禪書》。《周禮》中記載先秦時期社會政治、經濟、文化、風俗、禮法諸制,多有史料可采,所涉及之內容極為豐富,無所不包,堪稱中國文化史之寶庫。

作為儒家經典,《周禮》與《儀禮》和《禮記》合稱「三禮」,是古代華夏禮樂文化的理論形態,對禮法、禮儀做了最權威的記載和解釋,對歷代禮制的影響最為深遠。

批閱處

顏　　值：🔥🔥🔥🔥🔥⚪⚪⚪⚪⚪

人 氣 值：🔥🔥🔥🔥🔥🔥🔥🔥🔥🔥

財 力 值：🔥🔥🔥🔥🔥🔥🔥🔥🔥🔥

能 力 值：🔥🔥🔥🔥🔥🔥🔥🔥⚪⚪

偶遇機率：🔥🔥🔥🔥🔥🔥🔥🔥🔥🔥

大街小巷，到處都有機會尋找到他們的身影。

憑一張老臉征服人們的
全民偶像福祿壽！！

他們，沒有精緻的容顏，
憑著一張張上了歲數的臉，
征服了每一位華人。

他們，不用買榜，
卻是流量 TOP，
逢年過節必有他們的作品流傳。

他們，沒有一個「黑粉」。
只要他們出現，
純路人也會成為路人粉。

我們是 FLSmen！

福星　　　祿星　　　壽星

人間福祿壽，天上三古星

要說有什麼讓華人人見人愛的，
那就是福祿壽了。
身為民俗中重要的三種代表

福祿壽，

原本只是人們對遠古星辰的崇拜。

那麼，這三位是怎樣成為全民偶像的呢？

福神

看過前面文章的愛卿就知道，
甲骨文中的「福」是向神明或祖先奉獻的意思。

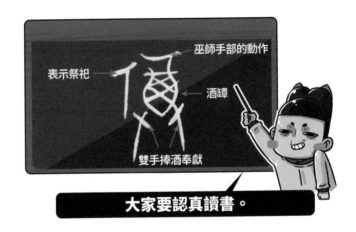

在《尚書‧洪范》中，提到「五福」：

「一曰壽，二曰富，三曰康寧，四曰攸（一ㄡ）好德，五曰考終命」。

也就是說，當時人們認為「福」的涵義就是：
長壽、富貴、身體健康、內心安寧、善良、善終。

那我們要怎樣才能得到「福」呢？
是什麼在操控這股神奇的力量呢？

在古人的認知裡，
木星跟農業生產相關，
糧食長勢良好，這也是一種福，
於是人們就自然而然地，
把福跟木星聯繫起來。
木星成為「福星」。
《史記‧天官書》裡就曾記載，
木星照耀的國度，會賜福給君王。
按照古人神話的發展規律，
接下來人們就要把福星代入到人，
推出一個偶像了。

沒錯，正是在下。

元朝《三教源流搜神大全》中曾經記載，
唐朝時，朝廷要選一些道州的侏儒去當玩物，
當時的刺史（相當於行政長官）楊成（也有寫作陽城）
反對這件事，拒絕了皇帝，
人們就把楊成當成福神。

不過，愛卿更為熟悉的可能是
「天官賜福」。
同樣在《三教源流搜神大全》中有記載，
有個美男叫陳子禱，
跟龍王三公主戀愛，結為夫婦，
生下了天官、地官、水官三兄弟，
天官是紫微帝君，專門給人賜福。

既然陳子禱是美男，想必天官應該長得也很帥。

從此，福神作為能給人好運的象徵，
就在民間流傳開來。

祿神

跟福星一樣,
祿神一開始也是來自對星辰的崇拜。

《史記·天官書》裡面就記載,
「斗魁戴匡六星曰文昌宮:一曰上將,二曰次將……
六曰司祿。」

意思就是北斗七星正前方六顆星(統稱為文昌宮)中,
最後一顆星就是祿星,
而祿星就是專門管理人間功名利祿的。

隋唐時期,
古代科舉(相當於大學考試)制度確立並發展,
很多讀書人就期盼著能夠靠考試改變命運。

現代人
掛柯南考試掛科,實在難。

古代人
掛祿神開掛路上,一直神。

原本祿星是文昌宮裡面的一顆星，
到了北宋時期，
文昌星就成為祿星的代名詞。

大家平時所講的文曲星其實也是文昌宮裡的一顆星，只不過後來這些說法都融合了。

在明末清初《歷代神仙通鑒》裡面，
還記載著：

「（文昌君）道號六陽，每出駕白驟，隨二童，曰天聾、地啞。真君為文章之司命，貴賤所系，故用聾啞於側，使其知者不能言，言者不能知，天機弗泄也。」

跟現代人大考追求公平一樣，
考試的保密工作必須做得十分嚴謹。
於是，古代人也幻想出：
文昌星作為出題考官，
旁邊會安排一聾一啞的兩個童子，
這樣他們就不能洩露考題了。

壽神

壽星一開始也指的是星星——
南極老人星。
早在周代，
古人們就開始祭祀老人星祈求長壽，
祭祀的時間主要在仲秋。

在西周的青銅祭器上就經常出現「眉壽無疆」、「萬年眉壽」、「眉壽無期」等祈求長壽的詞語。

在古人對壽星的祭祀中，
有個重要的習俗，
就是跟養老結合起來。

《周頌·雍》中記載，
周武王祭祀文王
「綏我眉壽，介以繁祉。既右烈考，亦右文母」。

周武王祈求文王賜給福壽，
並勸父母的神靈享用酒食。

先秦仲秋，人們還會舉辦養老儀式跟活動，
《禮記‧月令》裡面就記載：
「仲秋之月……養衰老，授几杖，行糜粥飲食。」
國家要向老人授予坐几和手杖，
老人在這幾個月主要吃稀飯。

其中，手杖也不是隨隨便便能拿的，
人要五十歲以上才有資格拿。

到了東漢，隨著曆法的完善，
人們不再需要依靠星象記事，
所以，祭祀老人星跟養老習俗脫鉤了。
唐朝時期，
老人星的祭祀同君王的誕辰產生了關聯。
到了明代，
由於作為皇城的北京地區觀測不到老人星，
老人星的祭祀活動就漸漸消失了。

一開始，人們贈送的壽星圖
畫的是生日主人的畫像。
宋元時期，壽星圖有了進一步的發展，
壽星的形象漸漸固定。

明清時期，
福祿壽三個神仙就經常一起出現，
並延續到今天。

古人由於當時生產力低下，
自身抵禦外部風險的能力不足，
所以想像出各種能夠庇佑他們的神祕力量，
福祿壽的出現本身就是
人們的一種美好願望。
在祭祀的過程中，
尊老愛幼、正確求取功名、追求和諧美滿，
也漸漸成為中華傳統美德中不可分割的一部分。

參考資料：

1.《中國傳統社會價值取向論析——以「福」、「祿」、「壽」三星為例》
沈利華
2.《漫談祿星崇拜》陳虎，魏崇祥
3.《壽星崇拜研究》郭佳

《尚書》

　　《尚書》又稱《書》、《書經》，是我國第一部上古歷史文件和部分追述古代事蹟著作的彙編。《尚書》分為《虞書》、《夏書》、《商書》、《周書》。戰國時期總稱《書》，漢代改稱《尚書》，即「上古之書」。

　　《尚書》的「尚」常見有三種解釋：一種說法認為「尚」是「上古」的意思，《尚書》就是「上古的書」；另一種說法認為「尚」是「尊崇」的意思，《尚書》就是「人們所尊崇的書」；還有一種說法認為「尚」是代表「君上（即君王）」的意思，因為這部書的內容大多是臣下對「君上」言論的記載，所以叫作《尚書》。現在通行的《十三經注疏》本《尚書》，就是《今文尚書》和偽《古文尚書》的合編本。現存版本中真偽參半。

《禮記》

　　《禮記》成書於漢代，為西漢禮學家戴聖所編，是中國古代一部重要的典章制度選集。書中內容主要寫先秦的禮制，呈現出先秦儒家的哲學思想、教育思想、政治思想、美學思想，是研究先秦社會的重要資料，是儒家思想的資料彙編。

　　正文提及的《禮記·月令》按一年十二月的順序，逐月記載每月的天象特徵和天子所宜居處、車馬、衣服、飲食及應當實行的政令等。

其實我不認識吳剛！

本篇關鍵角色：嫦娥

顏　　值：🔥🔥🔥🔥🔥🔥🔥🔥🔥⚪

人 氣 值：🔥🔥🔥🔥🔥🔥🔥🔥🔥⚪

財 力 值：🔥🔥🔥🔥⚪⚪⚪⚪⚪⚪

能 力 值：🔥⚪⚪⚪⚪⚪⚪⚪⚪⚪

偶遇機率：🔥🔥🔥🔥🔥🔥⚪⚪⚪⚪

找一個晴朗的晚上，45 度角抬頭，運氣好的話，或許能見到高斯模糊的嫦娥姐姐。

嫦娥仙子竟然是蟾蜍？
我被神話欺騙了多少年！

提起中秋，人們總愛賞月，
抬頭望天的時候，
人們究竟在看什麼呢？

當然是看小仙女啊！

嫦娥奔月、玉兔搗藥……
這是大家最熟悉的神話傳說，
不過仔細一想，有些地方透露一絲詭異氣息。

請問我哪裡詭異了？

關於嫦娥，流傳最為廣泛的版本是——

這裡面有什麼問題呢？

???

問題可大了。

各位愛卿想想，
為什麼沉迷於射日的后羿，
突然有個老婆？還是嫦娥？
為什麼偷東西飛上月亮的嫦娥
沒被懲罰，反而成了女神？

今天，我們就來揭祕
神話最初的樣子……

在上面那個廣為流傳的故事中，
人物出場很突然，看起來非常無厘頭。
而且嫦娥和后羿就像是「硬湊」，
哪有什麼 CP 感。
好歹在各種愛情傳說中，
牛郎織女千里相會，
梁祝還生死不離為愛拚命。

這不發糖的 CP，我們也萌不起來啊。

你有沒有想過，這兩人可能根本就不認識？

批閱處

關於嫦娥的記載最初出現在
王家台秦簡《歸藏》中，
裡面的故事是嫦娥直接偷了
西王母的仙丹奔月，
這裡面根本沒后羿什麼事。

歸妹曰：昔者恒我（姮娥，即嫦娥）竊毋死之，奔月
而支占。

——《歸藏》

到了西漢的《淮南子·覽冥訓》，
后羿終於在這個故事出場。

這裡僅是説了后羿有藥，嫦娥偷藥，
也沒説兩人有除了偷和被偷以外的關係。

所以，古人就在這個故事上**加料**。
這裡有兩個代表人物。

高誘

張衡

東漢學者
最喜歡給書做註解
例如：《淮南子》、
《呂氏春秋》、《戰國策》

東漢地動儀發明者
文理學霸
精通天文、數學、文學

批閱處

張衡在《靈憲》中爆料，
嫦娥偷仙丹後還找算命的算了一卦，
算命的說穩了，
嫦娥才安心吃了藥飛天成仙。
但是，張衡顯然不瞭解，
人是要看臉的。

在他的記載中，嫦娥到了月球之後，
就變身成**蟾蜍**。

青蛙變王子等待真愛救贖，這很浪漫，
但**女神變蟾蜍**，這哪萌得起來？

在漢代畫像石拓片嫦娥奔月中，嫦娥背後長著一條尾巴，而月亮中出現了一隻蟾蜍。

這比照騙網紅還狠啊！

所以這個版本紅不起來啊……

羿請無死之藥於西王母，姮娥竊之以奔月……姮娥遂托身於月，是為蟾蜍。

——《靈憲》

另一方面，為了讓故事更加
跌宕起伏，糾結人心，
高誘給《淮南子》做注時，
就為兩人加戲——

不僅讓嫦娥變成后羿的妻子，
還將原來的情節改成：
后羿拿到藥丸之後沒有吃，
嫦娥盜走變成仙女，
奔到月球成了月精。

變成月精，這至少比蟾蜍好吧？

可是這下嫦娥不僅僅是小偷還變成心機女。

垣娥，羿妻也。羿請不死之藥於西王母，未及服之。
垣娥盜食之，得仙，奔入月中為月精也。
—— 《淮南子》高誘注

此後的一些記載，
基本上在這兩個版本上發展，
或者將之糅合在一起，
如《搜神記》、《文選》等。

到了明代，
《説郛（ㄈㄨˊ）》故事的可看性就大大提高了，
不僅記敍了嫦娥奔月，
還寫到后羿因此**思念成疾**。

正月十四夜晚，有仙童下凡，
告訴后羿用**米粉作丸團祭拜**，
用此方法，兩人終於團圓。

誰也不能拆我們的 CP，
我們要讓他們紅起來！！

> 嫦娥奔月之後，羿晝夜思惟成疾……非嫦娥也。
>
> ——《說郛》

實際上，在《天問》、《山海經》等先秦典籍中，
后羿當主角時，基本上並沒提到過嫦娥這個人，
所以很有可能后羿跟嫦娥的 CP，
只是後世為了講求**男女搭配**，
故事會爆紅的心態加入的。

嫦娥故事演變的階段

第一階段：

嫦娥偷藥奔月

第二階段：

嫦娥偷原本屬於后羿的仙藥

第三階段：

嫦娥偷藥後占卜升仙變蟾蜍
or
嫦娥成了后羿妻子，成月精

第四階段：

加入兩人團圓結局

那古人為什麼會認為，
嫦娥在月亮上會變成蟾蜍呢？
其實在嫦娥之前神話中就已經有
月中蟾蜍、蟾蜍吃月亮的說法。
而且，月有陰晴圓缺，
人們看著月裡的陰影，
難免會加以想像。

你看月的陰影像不像
我們見過的蟾蜍？

批閱處

「月者，陰精，積而成獸，象蟾兔焉。」
——《靈憲》

在古人眼中，
月亮具有祈生、生殖、祈豐的功能，
再加上，古人有生殖崇拜，
蟾蜍的繁殖能力又很強，
因此就將兩者聯繫起來。

這就有點類似於用花比喻女人一樣，
是一種祝福。

月亮的另一種代表是玉兔，那為什麼古人不讓嫦娥變身成為玉兔呢？兔子的繁殖力也很強，而且還比較萌……

聞一多曾考證過，玉兔是「蟾蜍」的「蜍」字的音轉換過去的，所以呢，玉兔說其實就是蟾蜍……

蓋蟾蜍之蜍與兔音易混，蟾蜍變為蟾兔，於是一名析為二物，而兩設蟾蜍與兔之說生焉。

——《天問釋天》

在這些神話版本中唯一不變的是，
嫦娥每次都是偷了仙藥才成為小仙女，
為了健康青春，嫦娥費盡心思。
幸好現實中，現代人的美容方式五花八門，想成為小仙女，
也不必像嫦娥那般艱辛了。

《淮南子》

　　《淮南子》是西漢皇族淮南王劉安及其門客收集史料集體編寫而成的一部哲學著作。這本書是以道家思想為指導，吸收諸子百家學說，融會貫通而成，是戰國至漢初黃老之學理論體系的代表作。《淮南子》在闡明哲理時，旁涉奇物異類、鬼神靈怪，保存了一部分神話材料，各位愛卿所熟悉的「女媧補天」、「后羿射日」、「共工怒觸不周山」、「嫦娥奔月」、「塞翁失馬」等古代神話傳說，主要靠本書得以流傳。

張衡

　　張衡，東漢時期的著名全能型學霸，文科理科都不在話下，除了當個文學家、數學家之外，他還是天文學家、發明家、地理學家。

　　張衡為中國天文學、機械技術、地震學的發展做出了傑出的貢獻。世界上最早的地動儀就是出自他之手。他在天文學方面著有《靈憲》、《渾儀圖注》等，數學著作有《算罔論》，文學作品以《二京賦》、《歸田賦》等為代表。

　　由於張衡在天文學方面有突出貢獻，聯合國天文組織將月球背面的一座環形山命名為「張衡環形山」，將太陽系中的 1802 號小行星命名為「張衡星」。

本篇關鍵角色：門神

顏　值：
殺　氣：
人氣值：
能力值：
偶遇機率：

以前千門萬戶都有，現在門神還真不容易找。

華人世界最早的二次元偶像：門神，
如今越來越潮！

每年的大年初一，
愛卿們是選擇出門拜年，
還是暗暗躲在家裡，
跟電玩裡的紙片人線上雲遊？

過年了，現實的對象沒有，二次元的
倒是一個個地往家裡跑。

而你以為的古板守舊的父母輩呢？
大年初一一大早，
已經在各大寺廟聚集，
應援他們的神仙偶像了好嗎？

可能是……

▼

也可能是……

▼

黃桑，今年我女兒能嫁出去嗎？

……

神機妙算

239

回家的時候，
還要欣賞貼在大門上的——

門神海報。

門神大人，要保佑
我的家人平安呀。

話説，
華人世界最早的二次元偶像——門神，
起源於先秦時期。

據《山海經》記載，
神荼、鬱壘是黃帝手下的兩員捉鬼猛將，
每天的日常工作就是
在度朔山的一棵巨大的桃樹下——

抓鬼→打包→配送。

那些作惡的鬼、
魑魅魍魎（ㄔ ㄇㄟˊ、ㄨㄤˇ ㄌㄧㄤˇ），
會被他們用葦索綁起來，
然後外送到野外給老虎吃掉。

神荼

鬱壘

新年好哇，歐陽虎子，給你拜年了，這是早上剛抓的鬼。

新年好，來就來嘛！怎麼還帶……

惡害之鬼，執以葦索而以食虎。
——《山海經》

祖先們成了神荼、鬱壘的迷弟迷妹，
便把神荼、鬱壘的畫像刻在桃木上，
掛在樑上，
每日瞻仰偶像的盛世醜顏，
以達到減肥消食、辟邪驅鬼的目的。

神荼、鬱壘就這樣被粉了一千多年。
直到唐朝，才又出現了新的門神——
鍾馗。

鍾馗生前是個才高八斗的讀書人，
因為顏值餘額不足，又沒錢儲值，
科舉的時候，直接被考官醜拒落榜。

放棄吧，論美貌你是贏不了我的。

鍾馗一怒之下撞階而亡，
冤魂飄到地府的時候，
閻王爺也驚呆了。

這顏值在地府很有競爭力啊，
越醜越吃香！

鍾馗被任命為驅邪斬祟將軍，
專職嚇鬼，
成為唐朝門神中盛極一時的醜顏擔當。

隨著時代的交替、各種文化的繁榮發展，
元、明、清時期，
各類門神組合紛紛出道。

其中最紅的門神，
就是來自唐朝的大將秦瓊、尉遲敬德。

四大天王 韋馱護法 伽藍護法

王天君 馬天君 青龍 白虎 趙雲 馬超 馬岱

薛仁貴 蓋蘇文 孫臏 龐涓

白起 李牧 扶蘇 蒙恬 孟良

焦贊 燃燈道人 趙公明

姚期 馬武 魏徵 徐茂功

據朕統計這段時期湧現的門神，還有這些。

現在的年輕人都這麼追求新潮，
會不會最後把傳統文化都丟了呢？

當然不會，中國古代的門神
也有很潮的。

來自《大寶積經》的鄭倫和陳奇，被稱為「哼哈二將」。
一個口念「哼」制敵，
一個口念「哈」擒將。

春節貼門神是中國一項特殊的風俗，
看似簡單的門神畫擔負起的
卻是保衛家人出入平安的職責。
門神的變遷史，也從另一個角度見證了
中國民俗文化的發展。

《山海經》

　　《山海經》是先秦時期重要古籍，它並沒有記載作者是誰。現代不少學者認為，《山海經》成書並非一時，作者亦非一人。

　　《山海經》的內容十分豐富，包括山川、地理、民族、物產、藥物、祭祀、巫醫等。說起來，《山海經》可以算是一本食譜，描述一種植物或者動物時，書裡總會加上「食之……」，例如，《山海經‧北山經》描述的鯈（ㄕㄨ丶）魚：「其狀如雞而赤毛，三尾六足四首，其音如鵲，食之可以已憂。」

　　它還是一部有著眾多神話傳說的最古老的奇書，我們所熟知的〈夸父追日〉、〈精衛填海〉、〈大禹治水〉等遠古神話傳說和寓言故事都出自這本奇書。

批閱處

顏　　值：🔥🔥🔥⚪⚪⚪⚪⚪⚪⚪

殺　　氣：🔥🔥🔥🔥🔥🔥⚪⚪⚪⚪

人 氣 值：🔥🔥🔥🔥🔥🔥🔥🔥⚪⚪

能 力 值：🔥🔥🔥⚪⚪⚪⚪⚪⚪⚪

一年就出場一次，能力值還不高。

古人害怕誰？

年獸——世上最慘妖怪，菜逼巴，沒官方認可還被所有人嫌棄！

如果要問在妖怪界，
最孤獨的一隻妖怪是誰，
那朕想，
年獸一定排得上名號。
畢竟在全中國最熱鬧溫馨的日子裡，
獨牠一隻，
被所有人嫌棄。

關於驅趕年獸的故事，
大家想必都聽過。

說是上古時期，
有頭叫「年」的猛獸，
平時不惹事就在海底待著，
每年就只挑除夕出來「吃飯」。
下到蟲子上到上班族，
都在牠的菜譜上，
弄得人心惶惶。

這次就吃這個大飯桶套餐吧，
看起來就是吃粗飽的。

後面因為機緣巧合，
人們發現了年獸的弱點，
怕光怕紅還怕響。
於是家家戶戶點起了
用紅皮包著的有火光還巨響的鞭炮，
守著一夜都不睡，
成功把年嚇回了海底，
再也沒吃過一頓飽飯。

都沒飯吃了，為何還說我是飯桶。

這故事乍看還不錯，
再一看就發現漏洞還不少。

首先，
身為上古妖怪，
年獸聽起來還算厲害的。

聽起來就好厲害！

 蛋是

卻連《搜神記》、《東度記》都沒上過。
各位必須知道這書，
可是連龍蝦精都上過的。

不會吧不會吧不會吧，真的
有人沒上過《東度記》嗎？

龍蝦精

硬要説上面兩本書比較小眾的話，
那麼古代妖怪百科全書——
《山海經》，你總該擁有名字吧？
畢竟從小耳濡目染的精衛、夸父什麼的，
可都在書上有留過名。

正版妖怪認證圖鑒（內附妖怪烹飪及
飼養辦法），您的居家必備好書。

但翻閱全書，
我們依舊沒有找到年獸的名字。
甚至有人
把從秦到清的民間傳說都翻遍了，
也沒見過「年獸」兩個字。

其次，
鞭炮這玩意兒，
上古時期也還沒有，
要說最接近的時間也得到漢朝了。
在東方朔寫的《神異經》裡
有記載：

「以竹著火掛爆，而山魈驚憚。」

操作就是把竹子點燃，
竹子受熱爆裂開時，
會發出劈裡啪啦的響聲，
簡稱「爆竹」，
這樣就可以嚇走山魈（ㄒㄧㄠ）。

直到幾百年後的南北朝時期，
都還是靠著這個老辦法，
來嚇走山魈。

正月一日，雞鳴而起，先於庭前爆竹，以辟山魈惡鬼。
——《荊楚歲時記》

是皇帝想讓活動現場更熱鬧，所以命人發明全新爆竹嗎？

那倒不是，靠的是他們對長生不老術的不懈追求。

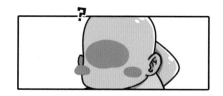

由於皇帝們想長生不老，
煉丹大佬們就得不停努力。
常規操作肯定是不行，
所以什麼奇奇怪怪的東西
都得搭配來試試。
萬一呢⋯⋯
也就是在這樣的嘗試下，
他們意外發現了，
硝、硫黃、木炭這些易燃易爆物。

以前的煉丹師煉丹

煉丹爐

煉丹師

這個加了會不會有問題？好害怕啊！

後來的煉丹師煉丹

嘎！ 嘎！

煉丹爐

嘎！

啊，加好加滿，加到爽。

從此，
竹子裡就不光是空氣了，
還可以塞易燃易爆物。

用火一點——

好玩，就是有點麻煩。

那時候的爆竹，
已經不再僅限單節燃放了，
可能是一支長竹竿或者是一串竹節，
所以，又被叫作爆竿。

新曆才將半紙開，小庭猶聚爆竿灰。
——《早春》來鵠

到了宋朝，
火藥已經發明出來。
人們開始把火藥捲在紙張筒裡，
「爆竹」變成了「爆張」，
後面串成一串，
變成「鞭炮」，
玩起來更加刺激。
火光和響聲都得到了雙倍提升，
一點燃就能把節日氣氛拉好拉滿，
成了節假日的必備項目。

批閱處

由此可見，最起碼宋朝才有鞭炮這一說，最原始的爆竹也是在漢朝才有。

那麼年獸是什麼時候才有的呢？

從爆竹誕生的故事，
我們不難發現：
人家最開始要趕的是山魈。
和年獸一樣，
山魈也怕光怕響。

蛋是

和年獸不一樣的是，
山魈並不吃人。
只不過也是個吃貨，
就愛偷偷跑去別人家裡
偷點火來烤魚烤蝦，
還懂得偷點鹽讓料理更好吃。

這麼看山魈本意就是來做頓飯，
問題好像也不大，
為什麼要趕走牠呢？

還不是你們人類太菜。

即便山魈啥也沒做，
卻有人類看見山魈就會生病的傳聞。
在醫學不發達的古代，
生病就很容易出人命，
所以只好選擇趕走山魈了。
這麼一聽，是不是很有瘟疫那股味道了？

古代科技沒那麼發達，
大家遇見瘟疫之類的倒楣事，
不是求神拜佛就是搞點熱鬧喜慶的事，
來沖刷掉這些不好的東西。

一本朕經報導

時至新春，多癌齊爆發，
其中懶癌窮癌致病率高達99.99%。

轉發999　評論666　　　　　讚999

紅衣小哥
8-17 09:46
我提議，今天必須恢復放鞭炮的
美好傳統。

至於年獸的出現，
僅追溯到民國初年。
小說家孫玉聲
在《滬壖話舊錄‧歲時風俗之回憶》中，
第一次提到了年獸。

「其有懸紫微星畫軸者，畫家每繪一石柱，柱上鎖一似狗非狗之獸，
或雲是獸即天狗星，或雲是獸名年，常欲食人，紫微星故鎖系之，不
令至下界肆惡，而使人不逢年患，故過年時懸此最宜。」

至於孫玉聲的「年獸說」，
是從哪裡聽來的？
這就無從考證了。

不過跟山魈可能象徵瘟疫一樣，
民國時期的年獸也有著牠的象徵。
當時日子不好過，
窮人常年得靠記帳借錢過日子，
但每到年關就得交帳還債。
就巴不得年關不要來。

這時候的年獸就像催債的，
期待個「紫微」來鎖住它，
讓大家過個好年。

至於為什麼紫微鎖年獸的說法，
變成了如今的鞭炮驅年獸？

人家好怕怕！

可能是因為傳統年畫逐漸消失，
紫微鎖年獸和爆竹驅山魈融合了。

不過那也不重要了，
畢竟從古至今，
不管是山魈、瘟疫、催債人還是年獸，
這些「鎖」、「驅」説法的存在，
其實都是人們對新一年美好的期望。

所以愛卿們，即便你新的一年可
能單身，也一定要保有美好的願
望喔，畢竟希望在明天嘛。

《搜神記》

　　《搜神記》由東晉的史學家干寶所著，是一部記錄古代民間傳説中神奇怪異故事的小説集。原本已丟失，今本為後人綴輯增益而成，20 卷中共有 454 個故事。涉及神仙、妖怪和鬼怪，所記多為神靈怪異之事。《搜神記》是集中國古代神話傳説之大成的著作，開創了中國古代神話小説的先河。

《東度記》

　　《東度記》是明代一部浪漫主義小説，相傳由小説家方汝浩編寫。故事講述達摩老祖由南印度出發，自西而東，經東印度國，再往震旦國闡化的歷程。作者塑造了一批千奇百怪的妖魔形象，光怪陸離，虛幻神奇，別具一格。

《神異經》

　　《神異經》是中國古代神話志怪小説集，共 1 卷，47 條。舊本題漢東方朔撰。全書分東荒經、東南荒經、南荒經、西南荒經、西荒經、西北荒經、北荒經、東北荒經、中荒經等 9 章顯然是模仿《山海經》，但文字不像《山海經》那樣古樸。書中記錄了不少神話傳説，尤其是關於東王公、窮奇、崑崙天柱、扶桑山玉雞等的記載，是珍貴的神話資料。

雖然我很醜，但是我很⋯⋯

捉鬼GDP

顏　值：●●●●●●　●●●●

殺　氣：🔥🔥🔥🔥🔥🔥🔥🔥🔥🔥

人氣值：🔥🔥🔥🔥🔥🔥🔥　●●

能力值：🔥🔥🔥🔥🔥🔥🔥🔥　●●

有多少同學是從電視劇中認識鍾馗的？

鍾馗——
我醜起來，連自己都害怕！

陰陽界有兩個判官大佬，
陽界是讓人眼前一黑的包拯，
陰界是讓鬼慌作一團的鍾馗。

鬼怪們只要一看到鍾馗，
基本都會——
嚇呆，嚇癱，嚇死。

古書記載鍾馗是唐朝長安終南山人，
書上描寫的鍾馗──
鐵面虬髯，相貌奇異。
但其實，他早期長得挺英俊的，
是長安終南山的一名學霸，
多年蟬聯街坊大嬸口中
「別人家的孩子」的榜首。

經過十八年的不懈努力，
該名小朋友實現了自己的夢想，
成了一名──

鍾馗特型演員。

老天爺賞飯吃，我也沒辦法。

鍾馗跟著同鄉杜平進京趕考，
途經大明寺，
剛好遇見了超渡亡靈。

大概是受過子不語怪力亂神的教育，
年少輕狂的鍾馗，
對這種超渡亡靈的行為
嚴加斥責。

那些鬼魂一怒之下,

將鍾馗毀容。

雖遭毀容，但鍾馗沒有放棄趕考，
畢竟他寒窗苦讀十數載，
翻身逆襲的希望都放在了
科舉上。

考試的時候，
鍾馗作了《瀛洲待宴》五篇，
被主考官譽稱「奇才」，
取為貢士之首。

鍾馗在殿試的時候，
卻因長相而被——

淘汰。

放棄吧，論美貌你是贏不了我的。

鍾馗悲憤之下撞階身亡，

鍾馗的冤魂來到地府，
準備進行

人生的大洗牌——投胎。

但是閻羅王拒絕了他。

今年投胎的名額滿了，下次吧。

鍾馗的人生
彷彿印證了那句至理名言，

玉帝在關閉一扇門的同時
也會為你打開一扇窗，
並在窗台邊種仙人掌，

刺痛你。

嘻嘻！

身為一無所有的冤魂，
鍾馗卻在民間嗅到了商機。

惡鬼太多，
地府根本抓不完，

於是鍾馗聯合五個小鬼，
開了家創業公司。

背景最深的兩個聯合創始人叫：
神荼、鬱壘。

是《山海經》裡的大咖，
經常拿著葦索，守著鬼門，
看到惡鬼就直接上去打包，
郵寄給老虎吃掉。

上有二神人，一曰神荼，一曰鬱壘，主閱領萬鬼。
惡害之鬼，執以葦索而以食虎。
——《論衡・訂鬼》引《山海經》

這個創業團隊的生意越做越旺，
業務範圍覆蓋全國。

這是要讓黑白無常、牛頭、馬面、孟婆，
提前下班啊！
閻王爺直接上天庭告御狀。

玉帝一聽——

陛下你聽……

聽*什麼聽，朕小相公*了。

* 麻將用語：
聽：局中只差所需要的一張牌即能和牌的狀態。
小相公：手中的牌拿少了。

最終在玉帝的主持下，
鍾馗的草根創業公司轉型，
併入地府名下。

鍾馗被玉帝任命為陰間判官，
兼任驅邪斬祟將軍。

成為判官的鍾馗，
為了陰陽兩界的和平，瘋狂抓鬼。

很多人都以為鍾馗是一個
只會抓鬼的粗獷猛男，

其實他還有另一個身分——

榴花神。

（榴花，也就是石榴花）

抗議，別的花神都是美美的仙女。

石榴花

批閱處

既能抓鬼，又是花神，
鍾馗成為民間最受歡迎的角色。

而鍾馗也用他的人生經歷，
告訴了我們一個道理，
就算長得再醜，
只要肯努力，不放棄，
你也找不到對象。

① 小明早上 7:30 起床，中午 13:20 午睡。放在古代的話，相當於十二時辰中的（　）時起床，（　）時吃飯？

Ⓐ 辰時起床，午時午睡

Ⓑ 卯時起床，午時午睡

Ⓒ 辰時起床，未時午睡

Ⓓ 子時起床，未時午睡

正確答案
C（7:00-9:00 相當於辰時，13:00-15:00 相當於未時。）

別睡了，起來上課了！

② 《東京夢華錄》中的東京，指的是現在哪個城市？

Ⓐ 北京

Ⓑ 東京

Ⓒ 南京

Ⓓ 開封

正確答案
D（《東京夢華錄》是宋代孟元老的筆記體散記文，記錄北宋都城東京的城市風俗人情。當時的東京就是現在的開封。）

③ 唐詩連連看

著處繁花務是日，
長沙千人萬人出。

烏啼鵲噪昏喬木，
清明寒食誰家哭。

清明時節雨紛紛，
路上行人欲斷魂。

借問酒家何處有？
牧童遙指杏花村。

渡頭翠柳豔明眉，
爭道朱蹄驕齧膝。

風吹曠野紙錢飛，
古墓壘壘春草綠。

杜　牧

白居易

杜　甫

小知識

科舉

　　科舉制度是中國古代透過考試選拔官吏的制度，類似於我們現代的大學考試。

　　科舉考試通常分為地方上的鄉試、中央的會試與殿試。鄉試第一名為「解元」，中央會試第一名為「會元」，殿試第一名為「狀元」、第二名為「榜眼」、第三名為「探花」。至今，我們仍把高考的第一名稱為「狀元」。

　　在各朝，科舉考試科目和內容都在不斷變化。

　　唐朝考試科目很多，常設科目主要有秀才、明經（經義）、進士、明法（法律）、明字（文字）、明算（算學）。考試內容有時務策、帖經、雜文等。

　　宋朝科舉考試有進士、明經科目，考試內容有帖經、墨義和詩賦，王安石任參知政事後，取消詩賦、帖經、墨義，專以經義、論、策取士。

　　明朝只設進士一科。內容以經義為主。

　　清朝沿襲明朝的科舉制度，但也開過特別科，如博學鴻詞科、翻譯科等。

長安

　　長安是西安的古稱。

　　長安作為十三朝古都。是歷史上第一座被稱為「京」的都城。

　　下面，讓我們一起來看看，西安作為不同朝代的首都，名字有什麼不一樣。

朝代	西周	秦朝	西漢	新朝	東漢	西晉	前趙	前秦	後秦	西魏	北周	隋朝	唐朝
名稱	豐京、鎬京	咸陽	長安	常安	長安	長安	長安	長安	長安	長安	長安	大興	長安

283

在華人世界，很多人都可能是民間傳說的文案大師，
他們根據自己的生活、生產經歷大開腦洞，
結合歷史人物和一些自然現象，
再把自己樸素的願望融入其中。

雖然不一定跟本書的文案小編一樣，
需要不斷地進行修改，修改到頭禿。
但在一代又一代人的傳播中，
中華文化才得以保留下來。

優秀的文化傳統，是中華民族的最佳名片，
現在，輪到我們結合傳統文化大開腦洞了，
繼承先輩們的創造力，取其精華，並將之發揚光大，
讓這些非物質文化遺產紅起來！

下回見！